자투리 시간 독서법

이 책을 소중한
_____님에게 선물합니다.
_____ 드림

자투리 시간 200% 활용 독서의 기술

자투리 시간 독서법

| 허동욱 지음 |

위닝북스

··· 프롤로그 ···

자투리 시간 독서로
인생의 모든 것을 배웠다

　내 인생은 자투리 시간을 활용한 독서를 하기 전과 후로 나뉜다. 독서를 하기 전 나는 학교에서 발표하는 것이 두려웠고 다른 사람의 말에 쉽게 상처받는 소심한 겁쟁이였다. 그런데 남들과 다를 것 없이 평범했던 내가 이른 나이에 대기업에 입사하게 되었고, 군대에 가면서 우연한 계기로 책을 읽기 시작했다. 그것이 계기가 되어 지금까지 수천 권의 책을 읽게 되었다.
　장소를 가리지 않고 틈틈이 책을 읽자 작가의 지혜들이 나의 어두웠던 눈을 밝게 해주었다. 책을 읽을수록 과거의 내 행동을 반성하게 되기도 하고 앞으로의 인생을 계획하기도 했다. 책은 내가 직접 가보지 않았어도 작가의 지식과 경험, 노하우를 간접적으로 배울 수 있게 하였고, 그것을 통해 내가 겪어야 할 시행착오도 줄일 수 있게 도와주었다. 독서의 즐거움을 안 뒤로는 더 많은 사람들이 독서를 통해 자신만의 특기를 찾고 행복한 삶을 살 수 있도록 전하고 싶어 책을 쓰기로 결심했다.

이 책은 독서를 본격적으로 시작하기 전에 가져야 할 마음가짐과 철학이 담겨져 있다. 그래서 독서를 평소에 즐기지 않는 사람들도 가벼운 마음으로 읽을 수 있다. 다른 사람들이 말하는 것처럼 거창하게 '독서의 신이 될 수 있다.'라는 방법이 담겨져 있지 않지만, 독서에 대한 편견을 깨뜨리고 책을 읽는 것이 얼마나 즐겁고 행복한 일인지를 다시 한번 생각해 보게 할 것이다. 또한 기존에 있는 독서법 책들처럼 딱딱하게 설명하기보다는 독자와 소통하고 싶은 마음을 담아서 내가 독서를 하면서 겪었던 에피소드들로 누구나 공감할 수 있도록 글을 썼다.

많은 사람들이 독서의 중요성을 알고 실천하려고 노력하고 있지만 쉽지 않다고 말한다. 나는 그럴 때마다 책을 읽고도 변하지 않는 이유는 아무 생각 없이 그냥 읽기 때문이라고 이야기한다. 다른 사람들이 베스트셀러를 읽으니 나도 베스트셀러를 읽는 것이 아니라, 자신에게 맞는 책을 읽어 보자.

자신에게 맞는 책을 찾아 독서 목표를 설정하고 한 쪽을 읽더라도 문장 속에서 어떤 의미와 깨달음을 얻었는지를 생각해 봐야 한다. 이런 과정을 거쳐야 책의 지식과 지혜를 온전히 내 것으로 만들 수 있고 비로소 진정한 변화를 맛볼 수 있다.

변화는 멀리 있지 않다. 책을 읽기 시작할 때가 바로 변화의 순간이다. 주변을 조금만 둘러보면 책은 항상 우리 곁에 있다. 과거에는 책을 구하는 것조차 어려웠던 때가 있었지만 현재는 책을 읽겠다는 마음만 있다면 어느 분야의 책이든 자유롭게 읽을 수 있다. 그래서 과거에는 자신의 운명과 미래를 뜻대로 바꿀 수 없었지만, 지금은 자신이 원하는 대로 인생을 만들어 갈 수 있다.

'책 한 권은 한 사람의 우주이자 세상'이라는 말이 있다. 책 속에는 자신만의 지식, 경험, 노하우들로 세상을 더욱 행복하게 바꿀 수 있는 메시지들이 숨겨져 있다. 지금껏 스스로 깨닫지 못한 모습들을 책을 통해 깨닫고 잠재력을 일깨워 보자.

무궁무진한 특별한 재능을 더 이상 혼자 꽁꽁 숨겨두지 말고, 자신만의 독서력으로 자신의 한계를 뛰어넘는 것이다. 오늘도 나는 스스로에게 질문한다. 한 번뿐인 인생, 오늘도 평범한 삶이 아닌 내가 하고 싶은 일을 하며 후회하지 않는 삶을 살려면 어떻게 해야 할까? 내가 독서를 통해 인생 2막을 살고 있는 것처럼 누구나 새롭게 인생을 시작할 수 있다.

마지막으로 나의 소중한 경험과 노하우들을 책으로 펴낼 수 있도록 가르침을 주시고 꿈을 향해 나아갈 수 있도록 도움을 주신 영원한 멘토가 있다. 바로 〈한국 책쓰기 성공학 코칭협회〉의 김태광 대표 코치님이다. 그리고 늘 아낌없이 챙겨주시고 용기를 주시는 위닝북스 출판사의 권동희 회장님께 감사한 마음을 전한다. 독서법 코치로 지금의 자리까지 올 수 있도록 많은 도움을 주신 임원화 대표님께도 감사함을 전한다.

늘 곁에서 한결같이 지지해 주는 꿈맥 여자친구 하늘이에게도 감사하다. 그리고 내가 하고 싶은 일을 할 수 있도록 응원해 주시고 도와주신 사랑하는 부모님께 이 책을 바친다.

2017년 5월
독서법 코치 허동욱

CONTENTS
차 례

프롤로그

PART 1

독서하는 사람들이
진짜 잘되는 이유

01 독서는 가장 안전한 자산이다 — 15
02 잘되는 사람들의 독서 비밀 — 22
03 독서를 하는 사람과 안 하는 사람의 차이 — 28
04 독서하는 사람들이 잘되는 이유 — 34
05 변화는 읽는 순간 시작된다 — 40
06 독서는 성공과 비례한다 — 47
07 독서는 나의 힘 — 52

독서는 조건이 아니라
습관이다

01 지금의 조건에서 독서하는 법 - 61
02 독서, 조건이 아니라 선택이다 - 66
03 독서는 아무나 할 수 있다 - 71
04 독서의 99%는 습관이다 - 77
05 정상에 서 있는 사람들의 비밀 - 82
06 책을 읽지 않는 사람을 멀리 하라 - 87
07 독서로 매일 기적을 만든다 - 92
08 독서는 인생을 보는 시각을 달라지게 만든다 - 97

자투리 시간에
책 읽는 습관 만들기

01 왜 하필 자투리 시간인가?　　　　　　　　- 105
02 버려지는 자투리 시간을 찾아라　　　　　　- 110
03 나만의 독서 목표를 정하라　　　　　　　　- 115
04 당장 손이 가는 책부터 읽어라　　　　　　　- 121
05 독서를 우선순위에 둬라　　　　　　　　　- 126
06 시간과 장소를 구분하지 마라　　　　　　　- 131
07 출근 전, 퇴근 후 시간을 활용하라　　　　　- 136

자투리 시간을 활용한
7가지 독서법

01 하루 한 쪽으로 성공하는 독서법　　　　　　- 145
02 꼬리에 꼬리를 무는 질문 독서법　　　　　　- 150
03 어린아이에게 말하듯이 하는 설명 독서법　　- 155

04 책에 발자취를 남기는 흔적 독서법 - 160
05 주변을 신경 쓰지 않는 무시 독서법 - 165
06 다 읽을 필요 없는 포인트 독서법 - 170
07 자신을 거인으로 만드는 의식 확장 독서법 - 176

독서력이 미래를 결정한다

01 독서력이 미래를 결정한다 - 185
02 독서를 잘하는 사람은 미래가 두렵지 않다 - 191
03 지금 읽는 책이 당신의 미래다 - 196
04 독서력으로 자신을 뛰어넘어라 - 201
05 인생의 차이를 만드는 독서력 - 207
06 독서가 곧 스펙이다 - 212
07 독서하는 독종만이 살아남는다 - 217
08 최고의 자기계발은 독서다 - 222

독서하는
사람들이
진짜 잘되는
이유

독서는
가장 안전한 자산이다

책은 비장된 세상의 재산이요,
세대와 알맞는 민족의 상속재산이다.
— 헨리 소로 —

대부분의 사람들은 고등학교나 대학교를 졸업한 뒤 취업을 목표로 하고, 그 후에는 결혼을 해서 가정을 꾸리는 것을 당연하게 생각한다. 다양한 경험을 하기 위해 도전을 하거나 정해진 과업의 수순에서 조금이라도 벗어나면 주위에서 무모하다고 막아선다. "그렇게 한다고 성공할 수 있을 것 같아? 꿈 깨!", "괜히 무모하게 행동하지 마, 안정적인 게 최고야."라는 주변 사람들의 말에 괜히 주눅이 들게 된다.

돌이켜 보면 스스로 포기하는 일보다 다른 사람이 쉽게 내뱉은 말에 '만약 실패하면 어쩌지?', '실패했을 때 사람들이 나를 어떻게 생각할까?'라는 두려움과 불안함에 휩싸인다. 현실과 타협하고 도전하지 못하는 상황을 스스로 합리화하는 것이다. 쳇바퀴

같은 일상에서도 얼마 가지 못할 안정감을 느낀다. 다른 사람들과 다를 바 없는 인생을 살게 되고, 시간이 흐를수록 도전은 더 머나먼 일이 된다. 결국 또다시 행동하지 않았음을 후회하는 날이 오게 되는 것이다.

생각보다 많은 사람들이 시도해 보지 못한 일로 후회한다. 나 역시 독서를 하기 전까지 주변 사람들의 말을 있는 그대로 수용했다. 생각대로 사는 것이 아니라 사는 대로 생각했던 것이다. 내가 무엇을 좋아하는지, 내 꿈은 무엇인지, 앞으로 무엇을 하며 살아갈지 깊게 고민하지 않았다. 그저 부모님과 지인들의 말만 듣고 학교에 가서 열심히 공부하는 것만 중요하게 생각했다.

명문대학교를 졸업해야 높은 연봉을 받는 대기업에 취업할 수 있고, 안정적인 공기업에 입사할 수 있다고 굳게 믿었다. 그래서 좋은 대학을 가기 위해 열심히 공부했다. 나는 소극적이고 수동적인 모습으로 뚜렷한 주관 없이 다른 사람들의 말과 생각만을 따르고 있었다. 어느새 내게 주어지는 여러 가지 선택과 기회의 폭이 줄었고, 점점 나 자신을 잃어버렸다.

'나'를 바꿀 수 있는 혁명과도 같은 변화가 절실히 필요했다. 다른 사람들에게 끌려가는 삶이 아닌 나만의 주도적인 생각과 행동으로 남다른 인생을 살고 싶었다. 이러한 생각이 들자 시간이 흘러가는 것이 아까워졌다. '큰 강물도 한 줄기 샘물에서 시작한다.'라는 말처럼 나는 자투리 시간을 쪼개가며 책을 읽기 시작했다. 다른 사람의 지식과 경험이 담긴 한 권의 책을 읽으면서 작가의 말과 행동에 나의 상황을 대입시켜 보게 되었다.

그들의 경험과 이야기 속에서 나의 과거와 현재를 되돌아보고 점검하는 시간을 갖게 된 것이다. 또한 앞으로 어떤 미래를 그려 나가야 하는지 큰 그림 그릴 수 있게 되었다. 책을 읽으면 읽을수록 과거에는 생각조차 못했던 미래의 모습을 상상하게 되었다. 독서를 통해 생각과 감정을 글로 적으며 점차 의식이 확장되고 주체적인 마인드로 변하기 시작했다.

책을 읽기 시작하면서 나는 주도적인 사람이 되었다. 첫 번째 전환점이 된 사건은 고등학교 진학을 앞둔 중학교 3학년 때의 일이다. 우연히 사회 교과서에서 '레드오션'과 '블루오션'이라는 경제 전문 용어를 보게 되었다.

'레드오션'은 '경쟁자가 넘쳐나 사업이 정체된 시장'을 말하고, '블루 오션'은 '현재 존재하지 않거나 알려지지 않아서 경쟁자가 없는 유망한 시장'을 말했다. 예를 들어 우리나라 학생들은 누구나 고등학교 3학년이 되면 대학수학능력시험(이하 수능)을 보게 되는데, 나는 이 수능이야말로 피 터지는 경쟁인 레드오션이라고 생각했다.

모두들 좋은 직장에 취업하기 위해서는 명문대학교에 진학해야 한다고 했지만, 월등하게 공부를 잘하지 않는 이상 이곳에 진학하기란 쉬운 일이 아니었다. 나도 명문대학교를 목표로 열심히 공부했지만 원하는 대로 성적이 잘 나오지 않았다. 자존감이 낮아지자 수능을 제대로 보지 못하면 실패한다는 불안감이 엄습했고, 점차 수능은 두려움과 공포의 대상이 되었다.

나는 정말 명문대학교에 가고 싶었다. '지금 성적으로도 명문대를 갈 수 있는 방법이 있지 않을까?'라며 책과 신문, 인터넷 등 매체를 활용하고 발품을 팔아 '재직자 특별전형'이라는 입시 제도를 알아냈다. '재직자 특별전형'은 전국에 있는 특성화 고등학교 학생들을 대상으로 대학교에 진학시키는 수시전형 입시 제도였다. 나는 이 제도를 보고 '어쩌면 이 제도를 활용해 명문대에 진학할 수 있겠다.'라는 생각을 했다.

특성화 고등학교에 진학하고 싶다고 부모님과 주위 사람들에게 말하니 바로 부정적인 말들이 쏟아졌다. 그러나 나는 독서를 통해 주도적으로 변화했고, 나의 미래에 대한 가능성을 확신하며 결국 상업 계열 특성화 고등학교에 진학했다.

부모님의 반대를 무릅쓰고 힘들게 입학했지만 대학을 가기 위한 수단으로 하는 공부는 쉽지 않았다. 공부를 하면서 스트레스를 받거나 힘들 때마다 틈틈이 시간을 쪼개어 독서를 했고 그로 인해 지금 내가 가진 것들이 얼마나 감사하고 행복한지를 깨달았다. 다시 한번 스스로에게 동기부여를 하며 좌절의 시간들을 이겨 나갔다.

독서를 통해 주도적인 행동을 하게 된 두 번째 사건은 고등학교 2학년 말이었다. 어느 날 취업 관련 책자에서 앞으로 '선(先) 취업, 후(後) 진학 제도'가 활성화된다는 글을 읽었다. 그리고 그날 야간자율학습이 끝나고 집에 가는 길에 우연히 한 대학생이 술에 취해서 몸을 제대로 가누지 못하는 모습을 보았다. 문득 나는 '주위에서 명문대학교를 가야 취업이 잘 된다는 말을 하는데, 나도 대학에 가면 저렇게 되지 않을까?'라는 생각이 들었다. 진로에 대해 다시 한번 진지하게 고민하게 되었고, 오랜 고민 끝에 대학도 결국 취업을 하기 위해서 가는 것이기에 먼저 취업을 하고 나중에 대학을 가는 것이 현명하다는 결론을 내렸다.

나는 다른 친구들보다 취업 준비를 늦게 시작했지만 자기소개서와 면접 준비만큼은 철저하게 준비했다. 가끔 '이미 늦은 건 아닐까?', '나도 남들처럼 대학을 선택하는 것이 낫지 않을까?'라는 부정적인 생각이 들 때마다 긍정적인 에너지와 자신감을 상승시켜 주는 자기계발서를 꾸준히 읽었다.

독서를 통해 두려움을 '나는 할 수 있다!'라는 확신으로 채워 나갔다. 그 결과 단 1년 만에 국내 굴지의 KT&G에 입사할 수 있었다. 그러나 월급을 받는 삶은 안정적일 것이라는 기대와 달리 시간이 흐를수록 불안한 마음이 들었다.

　가정을 위해 하기 싫은 일을 하면서 상사의 잔소리를 들어도 꿋꿋이 버티는 선배들의 모습이 처량해 보였다. 또한 직장 동료들은 나에게 나이가 어리니 회사에서 오랫동안 근무할 수 있겠다고 말했지만 나는 전혀 그럴 마음이 없었다. 그들처럼 생계를 위해 하기 싫은 일을 억지로 하며 소중한 시간들을 낭비하고 싶지 않았기 때문이다. 요즘 청년 실업이야 말로 사회 문제이다. 그래서 취업이 간절한 사람에게는 와 닿지 않을 이야기일 수 있지만 책을 읽으며 생각이 달라진 나는 나답게 주체적인 삶을 살고 싶었다.

　책은 주체적인 삶을 살 수 있도록 이끌어 주었다. 학창시절뿐만 아니라 고달픈 직장생활을 할 때도 든든한 버팀목이 되었다. 독서는 직장에만 의지해서는 미래가 없다는 것을 깨닫게 해주었고, 스스로 생각할 수 있는 힘을 키우게 했다.

　틈틈이 시간을 내어 읽기 시작한 자투리 시간 독서를 통해 독자에서 저자가 되어야겠다고 결심하며 독서와 책 쓰기에 몰입했다. 이런 자투리 시간이 모이고 모여 내가 가고자 하는 길로 갈 수 있는 용기가 생겼다. 그 결과 나는 안정적인 직장에 목을 매지 않고 내 꿈을 위해 직장을 박차고 나올 수 있는 사람이 되었다.

　대기업에서 고액의 연봉을 받으며 근무하는 삶이 가장 안전할까? 나는 자투리 시간을 활용해 자신의 미래를 생각하며 준비하는 독서가 훨씬 안정적이라고 말하고 싶다. 사람들은 당장 눈에 보이는 집, 자동차, 돈만이 자산이라고 생각하지만 이것들이야말로 소모되어 없어지는 것들이다. 반면 책에 담긴 저자의 지식, 정보, 노하우, 스토리는 절대 사라지지 않는다. 머릿속에 저장된 정보는 누가 훔쳐가거나 소모되는 것이 아니기 때문이다.

인생의 중요한 갈림길에서 독서가 없었다면 지금처럼 인생의 주인공으로 살지 못했을 것이다. 그렇기 때문에 내게 가장 안전한 자산은 바로 '독서'다. 독서를 통해 지속적으로 성장하는 존재 자체야말로 돈으로도 환산하지 못할 위대한 가치이다.

잘되는 사람들의
독서 비밀

오늘의 나를 있게 한 것은 우리 마을 도서관이었다.
하버드 졸업장보다 소중한 것이 독서하는 습관이다.
- 빌 게이츠 -

어느 곳에 가든지 가만히 있어도 후광이 나는 사람들이 있다. 그 사람들을 볼 때마다 속으로 '어떻게 하면 저렇게 가만히 있어도 빛이 날 수 있을까?'라는 질문을 했다. 스스로 그 사람들과 나를 비교하는 모습에 부끄럽기도 했지만, 동시에 그들처럼 되고 싶다는 욕망의 불씨가 마음속에서 불타올랐다.

나는 내 안의 욕망을 현실로 끌어당기기 위해 성공과 부에 관한 책들을 보며 어떻게 하면 그들처럼 성공할 수 있을지 그 비밀을 찾기 시작했다. 밥을 못 먹으면 배고픈 것처럼 성공한 사람들에게 책은 든든한 밥과 같은 존재였다.

하루에 세 끼의 밥을 먹어야 배부른 것처럼 성공한 사람들은 매일 최소 30분 정도의 시간을 독서로 보냈다. 바쁜 시간 속에서도 틈틈이 자투리 시간을 활용해 책을 읽은 것이었다.

성공과 부를 창출한 사람들에게 독서는 필수조건이자 습관이다. 그들은 독서를 어릴 때부터 시작했고, 이 시간을 통해 자신의 정체성과 미래의 모습을 상상하며 빅 픽처를 그렸다. 자신의 정체성을 확립하고 자신이 좋아하는 일에만 시간과 에너지를 투자해 몰입하며 자신의 멋진 미래를 위해 행동으로 옮겼다. 그 결과 평범한 사람들은 상상하지도 못할 부와 성공을 거머쥐게 된 것이다.

대표적인 인물이 바로 마이크로소프트 창업자 빌게이츠와 페이스북의 창업자 마크 저커버그다. 빌게이츠는 자신이 성공할 수 있었던 가장 큰 이유로 어릴 때 마을에 있는 작은 도서관에서 읽은 책을 자주 언급했다. 마크 저커버그는 대학에서의 전공 관련 책과 다양한 분야의 독서를 통해 얻은 지식과 통찰력으로 페이스북 창업과 함께 한화로 약 15조 원의 재산을 창출하게 되었다.

지금까지 독서를 잘하지 못했더라도 독서를 통해 자신의 정체성과 자신감을 얻을 수 있다. 내가 이토록 자신 있게 말할 수 있는 이유는 나 역시 '자투리 시간 독서'를 통해서 나의 정체성과 좋아하는 것이 무엇인지를 찾았기 때문이다.

나는 본격적으로 자투리 시간 독서를 하기 전 내가 무엇을 좋아하는지, 무엇을 잘하는지에 대해 깊이 생각해 본 적이 없었다.

그저 어른들의 말을 잘 듣고 착한 전형적인 모범생이었다. 공부는 월등하게 잘하지는 못했지만, 반에서 회장을 맡아 다른 이들에게 솔선수범하고 학교생활을 하는 데 있어 규칙을 어기거나 남에게 폐를 끼치는 일이 없었다. 졸업할 때는 3년 개근상까지 받았다. 그러나 직장에서도 주어진 업무에 충실했을 뿐 그 이상의 발전은 없었다.

나는 직장생활을 시작하면서 내가 무엇을 원하고 좋아하는지 찾아보기로 결심했다. 다양한 사람들이 함께 모여 있는 새로운 환경에 처해지자 여러 가지 상황과 경험들로 인해 지금까지 보지 못한 새로운 내 모습들을 발견하기 시작했다. 이러한 모습을 발견하는 데 있어 많은 도움을 준 일등공신은 자투리 시간을 활용한 독서였다.

회사를 다니며 다양한 경험들을 해 보는 것이 쉬운 일이 아니었다. 그래서 선택한 것이 자투리 시간을 활용한 독서였다. 독서를 통해 다양한 경험들을 간접적으로나마 누리기로 한 것이다.

출장을 가야 하는 상황이나 발표를 해야 하는 상황이 발생하면 자투리 시간을 확보하기 위해 더욱 업무에 집중하며 빠르게 움직였다. 자투리 시간에 하는 독서야말로 직장생활에서 얻는 경험들과 융합되어 진정한 나를 조금씩 찾을 수 있게 해주었다.

회사에서는 일주일에 한 번씩 자신의 생각과 아이디어를 발표하는 날이 있었다. 나는 이 발표 대회에서 팀 대표로 나가게 되었다. 팀을 대표로 해서 나가는 것이기 때문에 발표 준비에 우선순위를 두고 시간과 에너지를 집중했다. 그동안 배운 내용을 메모지에 정리하고 말하기 기술에 관련된 책들을 틈틈이 읽으며 연습에 연습을 거듭했다. 드디어 발표 당일이 되자 많은 사람들 앞에서 발표를 하게 될 나의 모습에 심정이 터질 듯이 떨렸다. 하지만 할 수 있다는 마음가짐으로 연습한 그대로 임한 결과 무사히 발표를 마칠 수 있었다. 발표를 마치자 그동안 '잘할 수 있을까?'라고 생각했던 모든 걱정과 두려움이 사라진 채 지금까지 느껴보지 못한 뿌듯함과 행복감을 느끼게 되었다.

발표 대회를 마치고 며칠이 지나도 그때 느꼈던 흥분이 가라앉지 않았다. 나를 쳐다보던 사람들의 반짝이는 눈빛이 계속 머릿속에 맴돌았다. 발표가 끝나자 모든 것이 일상으로 돌아갔지만 내 심장은 여전히 요동치고 있었다. 고민이 있을 때마다 독서로 해결했던 것처럼 나는 다시 한번 자투리 시간을 이용한 독서를 하기 시작했다. 그리고 도마베치 히데토가 쓴 《머릿속 정리의 기술》이란 책에서 그 고민을 해결할 수 있었다.

"인간의 뇌에는 자신을 희생하더라도 그것이 타인에게 도움이 된다면 행복을 느끼는 특수한 기능이 갖춰져 있다."

이 한 문장은 그동안 찾지 못했던 나의 정체성과 좋아하는 일을 찾게 해주었다. 그리하여 나는 군 생활을 마치기 전 자투리 시간을 활용한 독서를 통해 '내가 가지고 있는 지식과 경험, 노하우를 바탕으로 다른 사람들에게 도움을 주는 사람'이라는 정체성을 확립하게 되었다. 또한 나의 가치관과 소명에 맞는 강연가라는 직업까지 찾았다. 군 생활을 시작할 때의 결심처럼 큰 성과를 거두고 무사히 전역한 뒤 지금은 동기부여가이자 메신저로 활동하며 내가 가진 지식과 경험들을 사람들에게 나누며 살고 있다.

성공한 사람들의 겉모습을 보면 자신과 동떨어진 삶을 사는 것처럼 보이지만 사실 그렇지 않다. 성공과 부에 관한 책을 읽다 보면 그 단서를 쉽게 찾을 수 있을 것이다.

이제 더 이상 남들이 원하고 부러워하는 명문대학, 공기업, 대기업이라는 타이틀에만 얽매이지 말자. 편견과 고정관념을 과감히 벗어던지고 자신의 정체성과 소명을 위해서 하고 싶은 일을 선택하자.

성공한 사람들은 자투리 시간을 이용한 독서로 자신의 정체성과 비전을 찾았다. 이것과 같이 독서를 통해 자신의 인생의 큰 그림을 그려보자.

똑같은 내용이 반복되는 책이 재미없듯이 다른 사람들처럼 평범한 인생이 아닌 여러 가지 다양한 내용과 색들로 가득 찬 자신만의 이야기로 책을 만들어 보자. 각기 다른 하루라는 퍼즐 조각들이 맞춰져 어느 순간 멋진 미래가 펼쳐져 있을 것이다.

독서를 하는 사람과
안 하는 사람의 차이

만약 내가 다른 사람들과 같은 정도로 독서를 했더라면
다른 사람들과 같은 정도밖에 몰랐을 것이다.
- 토마스 홉스 -

많은 직장인들이 아침에 일어나는 것을 힘들어 한다. 이불 속에서 5분이라도 더 단잠에 빠져 있는 게 행복하기 때문이다. 그리고 '오늘은 어제보다 나아질 거야.'라고 생각하며 다람쥐 쳇바퀴 도는 일상을 시작한다. 그러나 아무리 열심히 직장생활을 해도 어제와 별반 다를 게 없는 오늘을 돌아보며 스스로 회의감에 빠진다.

나 또한 처음 직장생활을 시작했을 때 익숙하지 않는 업무와 나이 차이가 많은 상사들을 대하며 일하기가 쉽지 않았다. '시간이 지나면 나아지겠지.', '적응하면 괜찮아지겠지.'라고 생각했지만 시간이 지날수록 내가 다른 사람을 위해 존재하는 것만 같았다.

반복되는 일상 속에서 오는 허무감과 공허함에 매일 밤이 고통스럽기만 했다. 허무함과 공허함을 조금이라도 달래고자 회사 업무를 마치고 선배들과 술을 먹거나, 친구를 만나 노는 것이 전부였다. 그리고 아침이 밝으면 다시 후회하는 하루를 반복했다. 머릿속으로는 어제보다 나은 하루가 되기를 바라면서도 정작 스스로 발전하려는 몸부림 대신 안전한 삶만 추구했다.

시간은 되돌릴 수 없는 만큼 황금보다 귀하다. 나는 직장생활을 하면서 시간을 물 쓰듯이 썼다. 아직 젊으니까 무엇을 하든 모든 것이 경험이고 나중에 다 도움이 될 것이라고 자기합리화를 하며 무의미한 일상을 보냈다. 하지만 독서를 시작한 지금 180도로 일상이 달라졌다. 어떻게 시간을 사용할 것인지 나만의 계획을 세우고 행동으로 옮기자 조금씩 생활 습관은 물론 하루를 생산적으로 보낼 수 있게 되었다.

아침에 일어나는 게 즐거워지자 출근하기 전에 읽는 독서 시간이 좋았다. 회사에서 오전과 오후에 해야 할 업무를 아침부터 계획하고 처리하자 생산성이 늘고 성과도 나오기 시작했다.

이러한 긍정적인 변화는 나뿐만 아니라 주변을 변화시키는 작은 기적을 만들기도 했다. 치열하게 독서를 시작하자 시간을 관리하는 습관도 생겼다. 단순히 앞만 보며 달리던 내게 큰 변화가 생긴 것이다.

사물이나 상황을 볼 때 본질을 꿰뚫는 통찰력이 생겼다. 그것은 바로 남는 시간에 치열하게 책을 읽은 덕분이었다. 현재 강연과 코칭으로 바쁜 나날을 보내고 있지만 매일 책을 쓰며 스스로 발전하고 있다. 이 모든 과정들이 나만의 사례이자 이야기가 된 셈이다.

한 권의 책을 쓰기 위해서는 몇 백 권에 이르는 다양한 장르와 분야의 책을 읽게 된다. 그 과정에서 책 내용이 자신이 직접 경험한 것처럼 느껴지기도 한다. 가난을 겪어 보지 않는 사람들은 가난한 사람들이 어떠한 심정으로 사는지 잘 모른다. 그래서 어려움에 처한 사람을 도와줘야 한다는 생각도 들지 않을 수 있다. 그런데 그렇다고 해서 이 사람들을 손가락질하며 동정심도 없다고 비난할 수만은 없다. 왜냐하면 자신이 그 상황을 경험하거나 접해 보지 못했기 때문이다.

독서는 많은 사람들이 겪었던 일들을 간접적으로나마 경험하게 해준다. 그래서 지금까지 알지 못했던 세상을 더욱 넓게 인식할 수 있게 해주고, 다른 사람의 입장까지 이해할 수 있도록 도와준다. 이렇게 다른 사람들의 경험이 담긴 책 한 권을 통해 자신도 경험할 수 있게 되는 것이다. 경험은 자신의 시야를 넓히고 현명한 인생을 살아갈 수 있도록 도와준다.

인생을 살아가는 데 있어 시간을 관리하는 습관과 통찰력이 있다면 어떤 상황에서도 현명하게 대처할 수 있다. 하지만 때로는 자신이 가는 길의 방향이 틀릴 수도 있다. 인생을 운전으로 비유하자면 자신이 매일 가는 길도 교통 상황에 따라 달라질 수 있다. 차가 유독 막혀서 꼼짝없이 갇혀 있을 때도 있고, 교통사고로 인해 다른 길로 돌아가야 하는 때도 있다. 이런 상황들을 미리 알려주는 네이게이션과 같은 안내자가 있다면 당황하지 않고 쉽고 빠르게 다른 길을 선택할 수 있을 것이다. 바로 인생을 제대로 잘 살 수 있도록 안내해 주는 멘토가 있는 것은 매우 중요하다.

어릴 때에는 그 멘토 역할을 부모님이나 선생님이 해준다. 그리고 직장에 들어가서는 상사가 멘토가 된다. 하지만 어느 때가 되면 자신이 추구하는 목적과 방향에 맞는 멘토를 찾아야 한다. 부모님, 선생님, 상사가 자신이 가고자 하는 길을 목적지까지 가본 것이 아니기 때문이다. 그렇다면 어떻게 해야 자신이 추구하는 목적과 방향에 맞는 멘토를 만날 수 있을까? 그 방법 역시 자투리 시간을 활용한 독서에 있다.

만약 자신이 현재 경영 분야에 관심이 있다면 현대 경영학을 창시한 학자로 평가받는 미국의 경영학자인 피터 드러커가 쓴 책들을 읽어야 한다. 그의 책을 읽으면 그 사람이 겪었던 시행착오와 성공 사례, 실패 사례 등을 만날 수 있다. 더불어 경영의 중요성 등 지금까지 알지 못했던 사실도 알게 된다.

책은 상상력에 날개를 달아준다. 경영학의 대가를 직접 만나지 않아도 책을 통해 간접 경험으로 알게 되는 것이다. 그래서 독서를 하는 사람들은 고민이 있을 때 절대로 자신이 추구하는 방향과 맞지 않는 사람이거나 비슷한 수준의 의식을 가진 사람들에게 해결책을 구하지 않는다. 자신과 비슷한 수준의 의식을 가지고 있는 사람들은 이미 생각했던 답이거나 그보다 낮은 수준의 답만 들려줄 뿐 그 이상 높은 수준의 해결책을 내놓을 수 없기 때문이다. 그래서 독서하는 사람들은 자신이 고민하는 부분에 관련된 책을 찾아 수십 권씩 책을 읽으며 해결책을 찾을 때까지 깊게 파고든다. 그래도 해답을 못 찾을 때는 자신이 고민하는 것을 이미 경험하고 헤쳐나간 사람에게 비용을 주고서라도 해결책을 알아낸다.

독서는 사소한 고민들까지도 해결해 줄 수 있는 자신만의 멋진 인생 로드맵이다. 나 역시 많은 고민을 독서를 통해 해결할 수 있었다.

'동기부여가'라는 꿈도 책을 통해 찾을 수 있었고, 그로인해 〈한국 책쓰기 성공학 코칭협회(이하 한책협)〉라는 교육 기관도 만나게 되었다. 〈한책협〉의 대표 코치이자 나의 멘토인 김태광 작가는 가난한 집안에서 태어났다. 아버지는 매일 술에 취해 어머니와 싸웠고, 결국 아버지는 충동적으로 농약을 마시고 돌아가셨다. 그리고 그 상황에서 여자친구마저 죽게 되었다. 그러나 그는 이 모든 시련들을 극복하며 23세부터 책을 쓰기 시작해서 현재 20년 동안 200여 권의 책을 집필하고, 한국기록문화대상에서 대상 수상과 5년 동안 600여 명의 작가를 배출했다. 대한민국에서 책 쓰기 코치로는 최고이다. 내가 그를 만난 것만으로도 인생의 큰 영광이었다.

자투리 시간을 활용한 독서를 하지 않았더라면 상상하지 못할 일이었다. 나는 독서를 통해서 얻은 시간 관리 습관과 멘토까지 남부러울 것이 없다. 이제는 내가 누리고 있는 것처럼 다른 사람들도 누릴 수 있기를 바랄 뿐이다.

'티끌 모아 태산이 된다.'라는 속담처럼 독서를 하는 사람과 그렇지 않은 사람의 인생은 처음에는 큰 차이가 없는 것 같아도 결국 큰 차이를 낸다.

언제까지 목적과 방향 없는 삶으로 무의미한 오늘을 보낼 것인가? 내일의 태양은 다시 뜰 것이고 오늘을 충실하게 살아야 한다. 변화할 수 있는 기회는 오직 지금 뿐이다. 내가 그랬던 것처럼 자투리 시간을 이용한 독서법으로 기적을 맛보게 될 것이다. 이제 당신 차례다.

독서하는 사람들이
잘되는 이유

책은 한 권 한 권이 하나의 세계다.
- W.워즈워스 -

    사람들은 독서를 하고 책을 쓰는 나를 보며 어릴 때부터 책도 많이 읽고 공부도 잘했을 것 같다고 말한다. 하지만 나는 학창 시절, 공부보다는 집에서 그림을 그리거나 밖에서 뛰어 노는 것을 더 좋아했다.

    초등학교 때에는 인터넷 게임에 빠져 친구들이 말릴 정도였다. 중학교 시절에는 농구에 빠져서 밤낮없이 친구들과 농구 연습을 즐겼다. 고등학교에 진학하자 좋은 대학을 가기 위해 열심히 공부했지만 성적은 중위권이었다. 미술과 체육, 음악 같은 예체능 쪽은 직접 상상하고 몸으로 체험할 수 있어서 흥미 있게 수업에 참여했다. 하지만 이론적이고 외워야 할 것이 많은 수업에서는 이미 머릿속에 다른 생각들로 가득 찼다.

시험 기간이 되면 친구들은 학원에 가서 미리 벼락치기를 하며 공부했지만 오히려 나는 시험 기간만 되면 자신감이 떨어졌다. 그래도 시험 기간인 만큼 시험을 마치고 일찍 집으로 돌아와 잠깐 휴식을 취한 뒤 공부를 했다. 하지만 어느새 꾸벅꾸벅 졸다가 다음 날 아침 등교 시간이 다 되어야 일어났다.

나는 공부는 잘하지 못했지만 반 회장으로 선출되어 조직을 이끌기도 했으며 교칙에 어긋난 적도 없었다. 하지만 학교생활에는 문제가 없었어도 목표가 없다 보니 공부도 집중해서 하지 못했다. 하지만 책은 다른 친구들보다 많이 읽는 편이었다. 공부에는 끈기가 없었지만 독서만큼은 끈기를 갖고 했다. 지금에 와서 생각해 보면 그때 독서로 키운 정신력이 지금의 나를 만들었다 해도 과언이 아니다.

지금 우리가 알고 있는 성공한 사람들도 처음부터 책을 많이 읽어서 성공한 것일까? 그렇지 않다. 우리가 알고 있는 성공한 사람들 중에는 어려서부터 가난하거나 엄격한 집안에서 태어나는 등 독서를 하는 데 있어서 반드시 좋은 환경은 아니었던 사람도 많다. 하지만 우연인지 필연인지 각자 어느 순간부터 꾸준히 독서를 하게 되면서 자연스럽게 끈기를 배우고 자신이 목표점을 찾아 뜨거운 열정을 불태우며 미래를 구축해 나갔다.

주변을 둘러보면 독서를 시작함으로써 인생 2막을 시작한 사람들이 많다. 특히 독서를 통해 성공한 대표적인 인물로 〈임마이티 컴퍼니〉의 대표 임원화 작가가 있다. 대학병원 간호사에서 몰입 독서로 책을 써서 1년 만에 억대 연봉이라는 성과를 창출한 인물이다. 그녀는 아버지의 영향으로 교대에 가고자 했으나 성적이 맞지 않아 간호학과에 진학하게 되었다. 대학교를 졸업 후 분당서울대학병원에서 간호사로 5년간 일하며, 3교대라는 힘든 환경을 극복하기 위해서 치열하게 몰입 독서를 했다.

꾸준한 몰입 독서는 자연스럽게 책 쓰기로 이어졌고, 낮에는 간호사로 밤에는 책을 쓰는 작가로 두 가지 일을 병행하며 첫 번째 저서 《하루 10분 독서의 힘》을 출간하게 되었다. 그렇게 그녀는 책 출간과 동시에 간호사에서 1인 기업가라는 인생 2막을 시작했다.

새롭게 1인 기업가의 삶을 시작하게 된 그녀는 더욱 많은 사람들이 자신과 같이 책을 통해 꿈을 펼칠 수 있도록 '드림 드로잉 프로젝트'를 시작했다. 그 후 그녀는 두 번째 책 《스물아홉, 직장 밖으로 행군하다》를 출간하고, 각종 기업과 단체, 군대 등 전국을 무대로 강연은 물론 칼럼과 인터뷰 요청이 쇄도하며 1년 만에 억대 연봉을 달성하게 되었다. 그녀는 세 번째 책 《한 권으로 끝내는 책쓰기 특강》을 출간하여 현재는 〈한책협〉에서 수석 책 쓰기 코치로도 활동하고 있다.

그녀가 단순히 운이 좋아서 성공적인 1인 기업가로 데뷔할 수 있었던 것은 아니다. 간호사 시절부터 치열하게 꾸준히 몰입 독서를 해오며 3년 이상 오직 자신만의 꿈과 비전을 반드시 이루겠다는 목표를 가지고 행동하며 준비했기에 가능한 일이었다.

3년이라는 오랜 시간 동안 준비했어도 1인 기업가로 도약한 후 첫 달의 수입은 없었다고 한다. 하지만 자신의 선택에 책임을 지기 위해 두려움이 밀려와도 흔들림 없이 독서와 책 쓰기를 병행했기에 지금의 자리까지 올 수 있었다고 한다.

〈허스타일〉의 허지영 작가 또한 독서를 통해 성공한 1인 기업가다. 그녀는 과거 아시아나 항공의 승무원으로 10년간 근무를 하다가 회사를 그만두면서 한 아이의 엄마이자 한 남자의 아내라는 경력 단절녀로 전락하게 되었다.

직장을 그만두게 되자 우울증이 찾아온 그녀는 우울증을 극복하기 위해 독서를 하기 시작했다. 책을 읽기 시작하자 잊었던 꿈을 다시 떠올리게 되었고, 다시 한번 재기하기 위해서 단돈 100만 원으로 블로그 쇼핑몰 사업에 뛰어들게 되었다.

혼자 시행착오를 겪으면서 고군분투를 한 끝에 블로그 쇼핑몰로 1년 만에 월 매출 1,000만 원을 달성하며 억대 연봉을 달성하게 되었다. 그녀는 더 나아가 자신의 블로그 쇼핑몰을 통해 겪었던 이야기를 책 속에 담아서 《나는 블로그 쇼핑몰로 월 1,000만

원 번다》를 출간하여 현재는 강연은 물론, 책 쓰기 코치로도 활동하며 심장이 뛰는 인생 2막을 살고 있다.

위의 사례처럼 임원화 작가와 허지영 작가 모두 독서를 통해 인생을 바꾸었고, 자신이 정한 목표대로 꾸준히 실천한 결과 억대 연봉의 1인 기업가로 성공했다.

두 사람의 공통점은 독서를 통해 꿈을 찾게 되었고, 생각을 행동으로 옮겼다는 것이다. 독서와 책 쓰기를 통해서 끊임없이 스스로를 발전시키며 1인 기업가로 성공한 그들은 많은 사람들에게 자신의 지식과 경험, 노하우를 나누는 메신저로서 선한 영향력을 펼치고 있다.

세상은 하루가 다르게 변화하고 있다. 변화하는 세상 속에 발맞춰 변화하지 않고 과거의 방식대로 살아간다면 결국 도태되고 말 것이다. 오직 미래를 위해 오늘을 준비하는 자만이 살아남을 수 있다. 자신의 과거의 삶이 아무리 고달프고 힘들었어도 미래를 위해서는 과감하게 결별해야 한다. 과거와 결별했을 때 새로운 나를 만날 수 있고, 새로운 세계를 펼칠 수 있다.

한 번뿐인 인생, 자투리 시간을 활용한 독서로 지금까지 숨겨두었던 끈기와 열정을 다시 한 번 꺼내 보자. 그리고 자신이 목표하는 것을 달성하기 위해 더 나은 미래로 전진해 보자. 성공한 사람들이 잘되는 이유는 결코 뛰어난 생각이나 아이디어가 있어서가 아니다. 과거에서부터 끊임없는 독서를 통해 자신의 의식을 변화시켰고, 그것을 행동으로 옮겨 실천했기 때문이다.

　나 역시 과거로 되돌아가지 않기 위해, 그리고 어제보다 나은 자신을 위해 틈이 날 때마다 독서를 한다. 독서를 통해 발전하는 삶을 살지 않는 사람은 결국 도태될 것이라는 것을 누구보다 잘 알고 있기 때문이다. 익숙한 것에 머무르지 말고 꾸준히 자기 자신을 발전시키자. 그것이 바로 독서하는 사람들이 진짜 잘되는 이유다.

변화는 읽는 순간 시작된다

우리가 변하기 전엔 아무 것도 변하지 않는다.
- 앤드류 매튜스 -

나는 어릴 때부터 호기심이 많아 직접 경험하고 느껴야 직성이 풀렸다. 다른 사람들이 여행을 다녀오거나 영화를 보면 "거긴 별로야, 안 가는 게 나아." 또는 "이 영화 별로던데? 그냥 안 보는 게 나아."라고 말한다. 하지만 나는 그곳에 직접 다녀오고 내 눈으로 확인해 봐야 안심이 되었다. 또 승부욕이 강해서 운동을 하거나 게임을 해도 무조건 이겨야 직성이 풀렸다. 내가 지게 되면 오히려 상대방에게 따지고 신경질을 내며 화풀이를 했다. 이렇게 다혈질이었던 나도 시간이 날 때마다 읽은 독서 덕분에 조금씩 변하기 시작했다.

가끔 나는 '독서를 하지 않았더라면 지금처럼 변할 수 있었을까?'라는 생각을 한다. 역시 책을 읽었기에 가능한 일이었다. 책

한 권은 하나의 세계이고 한 사람의 경험과 지식 노하우가 담긴 집합체이다. 책 속에서 만나는 수많은 사람들은 자신의 이야기를 통해 독자들을 변화하게 하고 지금까지 느껴보지 못했던 세계를 보여주며 자극제가 된다.

처음 직장생활을 시작했을 때의 일이다. 예기치 않게 벌어지는 상황들과 사람들의 시선이 무섭고 두려웠다. '내가 과연 직장생활에 잘 적응할 수 있을까?', '혹시라도 실수해서 처음부터 찍히면 어떡하지?' 등 여러 가지 걱정이 쌓였다.

걱정은 다시 걱정을 만들고 자신감마저 떨어졌다. 다른 선배들의 업무 모습을 지켜볼 뿐 내가 어떤 것을 배우고 도움을 주어야 할지 아무것도 몰랐다. 그저 선배들 옆자리에 앉아 업무하는 모습만 물끄러미 쳐다보며 가만히 있었다. 그러자 한 선배가 나에게 "너, 말은 할 줄 알지?", "허수아비 아냐? 아무 말이나 좀 해봐!"라고 말했다. 나는 이 말을 듣자마자 당황스러웠고 충격을 받았다.

학창 시절에는 친구들에게 인기도 많았고, 소통도 잘했던 내가 직장생활을 시작하면서 꿀 먹은 벙어리가 된 것이 억울했다. 그래서 그날 이후부터 내가 먼저 도울 것은 없는지 직장 선배들에게 말을 걸기 시작했다. 괜찮다고 도울 것이 없다고 하더라도 하나라도 더 하겠다는 심정으로 또 물었다. 그렇게 하루 이틀이 지나자 조금씩 내 자리를 찾아가기 시작했고, 서서히 직장생활에 적응하게 되었다.

또 어느 날은 내가 속한 팀원들에게만 인사를 하고 퇴근을 했다. 그리고 다음 날 한 선배가 나에게 다가와 "네가 속한 팀원들에게만 인사할 게 아니라 다른 팀원 동료들에게도 인사해야지."라고 말해주었다.

내가 속한 팀원만이 내 식구가 아니라 다른 팀 모두 회사 구성원이자 식구라는 뜻을 알려주기 위한 충고였던 것이다. 처음에는 내가 무엇을 잘못했는지 잘 몰랐지만, 선배들의 충고와 조언을 하나씩 이해하면서 생각과 행동에 변화가 일어났다. 그렇게 조금씩 변화할수록 직장생활도 편안해졌다. 하지만 언제까지 선배들의 충고와 조언만을 들으며 직장생활을 할 수 없다는 생각이 들었다.

나는 선배들이 조언하기 전에 스스로 미비한 점을 파악해서 보완하고 극복하고 싶었다. 그러나 다른 사람들은 직접 부딪히며 경험해야 한다고 말했지만 나는 조금이라도 내 시간과 에너지를 낭비하고 싶지 않았다. 그때 머릿속에 떠오른 것이 독서였다.

나보다 먼저 직장생활을 시작한 선배들의 조언도 좋았지만 좀 더 현명하게 직장생활을 하고 행복한 인생을 살고 있는 사람들의 이야기를 책으로 읽는 것도 좋겠다는 생각이 들었다. 하지만 직장생활을 하며 책을 읽기란 쉽지 않았다. 그런데도 다시 한번 꾸준히 독서를 하려고 자투리 시간을 내며 읽었다. 조금씩 시간이 흘러 독서를 통해 나 자신을 발전시키고 직장생활도 스스로 잘 헤쳐나갈 수 있는 힘을 기르게 되었다.

나는 직장생활을 시작하기 전까지 꿈이 없었다. 그냥 남들처럼 똑같이 부모님과 선생님이 조언해 주는 대로 살았다. 하지만 독서를 시작하면서 나 자신을 되돌아보기 시작했다.

직장생활을 하면서 종종 선배들이 "월급만큼만 일해."라는 부정적인 소리를 했지만 그때마다 한 귀로 듣고 한 귀로 흘렸다. 하지만 정작 내가 연차가 높아지자 '월급만큼만 일해야지.'라는 생각이 들었다. 그동안 선배들이 했던 말들이 세뇌가 되었던 것이다.

나는 직장생활에 대해 부정적인 감정이 조금씩 생기기 시작했다. '직장생활을 하는 것이 나에게 도움이 될까?' '시간 낭비만 하는 거 아니야?'라는 물음이었다. 직장생활에서 시작된 부정적인 생각들은 삶에도 영향을 끼쳤다. 이런 생각들을 없애기 위해 긍정과 동기부여에 관련한 책들을 골라 읽기 시작했다. 한두 권 읽기 시작했을 때는 몰랐지만, 그 이후부터는 내면에 변화가 일어나기 시작했다. 책 속의 주인공이 어려운 환경을 이기고 성공하는 모습을 보며 내가 얼마나 감사한 생활을 못하고 있는지 깨닫게 되었다. 그리고 지금까지 느껴보지 못한 강한 동기부여를 받게 되었다.

나는 독서를 통해 더 많은 동기부여를 받고 싶었고, 더 많은 사람들의 이야기를 보고 듣고 싶어졌다. 그리고 불평, 불만으로 가득했던 생활이 하루아침에 생동감 있게 느껴졌다. 마음가짐이 달라지고 자신감이 생긴 것이다. 직장생활의 태도가 그 전까지는 수동적이었다면 능동적으로 변하게 되었다.

누구나 더 나은 내일과 미래를 꿈꾼다. 그래서 어제와 같은 일상이 반복되는 게 싫은 것이다. 나도 직장생활을 하며 힘들 때도 있지만 언젠가는 반드시 행복해질 날이 올 것이라고 믿었다. 반복되는 일상을 벗어나기 위해 여러 가지 방법을 시도해 보았지만 쉬운 일이 아니었다.

일상의 탈출로 여행을 가려고 해도 비용과 시간이 많이 들고, 세미나를 가려고 해도 갈 시간이 없다. 그래서 에너지를 충전하고 자극을 받기 위해 가까운 서점에 가서 책을 읽는다. 서점의 입구에 들어가는 순간 나도 모르게 기분이 좋아지기 때문이다.

서점에 가면 그동안 힘들었던 일들을 까맣게 잊은 채 할 일이 많아진다. 새롭게 출간된 신간들을 살펴보고, 책 제목과 목차들을 보며 출간 시장의 트렌드를 파악한다. 본격적으로 자투리 시간을 활용한 독서를 하기로 마음먹었다면 꼭 책을 사지 않아도 한 달에 두세 번은 정기적으로 서점에 가는 것이 중요하다.

서점에 가서는 사람들이 어떤 책을 읽는지 살펴보며 책과 친해지는 것에 초점을 두자. 그렇게 반복하다 보면 어느새 자연스럽게 책을 가까이 하는 자신을 발견하게 될 것이다. 책은 누구나 살 수 있으면서 그 속에 담긴 많은 가치를 전달한다.

책을 읽고 스스로 변화하고자 노력했기 때문에 지금의 내가 있다. 대부분의 사람들은 머릿속으로는 멋진 미래를 상상하고 변화하기를 바라지만 막상 변화를 무서워하고 두려워한다.

지금 당장 변화하고 싶은가? 그렇다면 책을 읽어야 한다. 책은 힘이 되어 줄 것이다. 무엇이든지 처음과 시작은 어렵다. 하지만 그 순간만 이겨낸다면 그다음 과정은 순조롭게 진행할 수 있다. 독서도 마찬가지다.

만약 처음이 어려워 시작조차 하지 못하고 있다면 나의 휴대전화 번호인 010.9306.1585로 문자 메시지를 하라. 시작할 수 있는 동기부여를 확실히 해 줄 것이다. 눈에 보이지는 않지만 하루하루 자투리 독서라는 작은 실천들이 모여 쌓이면 성장하고 변화된 자신을 만나게 될 것이다. 책은 얼마나 많이 읽었느냐가 중요한 것이 아니라 책을 읽고 얼마나 자신을 변화시켰느냐가 더 중요하다.

독서를 통해 긍정적으로 성격까지 바꿀 수 있다. 그리고 자신이 중심이 되는 세계에서 살 수 있다. 세상에는 이미 독서를 통해서 변화된 삶을 살고 있는 사람이 무수히 많다.

    읽는 순간 변화가 시작된다. 그들의 고백을 믿어보자. 이제 당신도 할 수 있다. 지금까지 살아보지 못한 세계가 자신을 기다리고 있을 것이다. 지금 당장 시작해 보자.

독서는
성공과 비례한다

좋은 책을 읽는 것은 과거의 뛰어난 사람들과 대화를 나눈 것과 같다.
- 데카르트 -

현대인들은 운동과의 싸움을 벌이고 있다. 꾸준히 운동을 하지 않으면 몸이 아프거나 의욕이 떨어진다. 영국 의학 전문지 〈랜싯〉에 따르면 지난 2013년 한 해 동안 운동 부족으로 인한 경제적 손실이 약 675억 달러(76조 원)에 달하는 것으로 집계됐다. 또한 앉아서 생활하는 시간이 늘어나면서 세계적으로 매년 500만 명이 운동 부족으로 생명을 잃고 있다고 추산했다. 하지만 더 심각한 것은 따로 있다. 바로 '독서 부족'이다.

보통 어린 시절에는 부모님의 권유로 동화책이나 위인전을 읽지만 클수록 책을 멀리 하게 된다. 더욱이 입시가 시작되면 책보다는 교과서나 문제집과 더 친해지기 마련이다. 대학생이 되면 학기 시험 준비와 취업 준비로 바쁘다. 취업이 되어서는 바쁜 직장생활과 행사들로 더 독서하기가 힘들어진다.

2013년에 〈이데일리〉 뉴스에서 발표한 자료에 따르면 우리나라 직장인의 독서량이 한 달 평균 한 권에도 못 미치는 것으로 조사되었다. 한 달에 한 권의 책을 읽는다는 직장인이 25.7%로 가장 많았고 아예 읽지 않는다고 대답한 비중도 23%였다. 한 달에 책을 한 권조차 읽지 않는 직장인이 전체의 4분의 1일에 달하고 있어 다시 한번 독서에 대한 경각심이 든다.

출퇴근 시간에 지하철 풍경을 보면 대부분의 사람들이 핸드폰으로 게임을 하거나, 음악을 듣는다. 삼성경제연구소에서 CEO들을 대상으로 독서량을 조사한 자료를 보면 의외의 결과가 나타난다.

조사 결과를 보면 CEO들은 한 달에 평균 1~2권의 책을 읽는다고 응답한 사람이 54%이고, 3권 이상 읽는다고 대답한 사람은 43%나 되었다. 한 달에 6권 이상은 무려 8%나 되었다. 매년 조사 결과를 보면 3권 이상 읽는 사람의 비중은 2008년 26%, 2009년 38%로 점점 수치가 늘고 있는 추세라고 한다. 평범한 직장인들보다 많은 일에 더 신경 쓰고 바쁜 CEO들이 오히려 책을 더 많이 읽고 있는 것이다.

현대인들에게 독서는 필수인데 오히려 사치라고 생각하는 사람들이 있다. 직장에서 업무를 마치고 집에 돌아와 책을 읽는 것이 생각만큼 쉽지 않기 때문이다. 그리고 그 시간에 책을 읽는 대신 다른 재미있는 것들로 시간을 보낸다. 텔레비전을 시청하는 것으로 쉽고 편하게 누리는 것이다. '눈에서 멀어지면 마음에서도 멀어진다.'라는 말처럼 책보다는 다른 재미있는 일들이 있으면 평생 책과는 가까이 지낼 수 없다.

책은 자동차로 비유하면 기름이나 마찬가지다. 차에 기름이 없으면 운행을 못하듯이 독서를 하지 않고서는 인생의 발전도 없다. 자신이 생각하는 멋진 미래를 현실로 만들려면 꾸준한 독서로 끊임없이 새로운 지식과 정보를 습득해야 한다. 과거의 지식과 정보만으로는 아무런 발전 없이 주어지는 일만 똑같이 하며 살아갈 것이다.

승진이나 창업을 하기 위해서라면 더욱 현재의 자신의 모습을 정확하게 판단하고 점검해야 한다. 책을 읽으며 자신의 장점은 극대화하고 단점은 보완하며 인생을 발전적으로 설계해야 한다.

지금까지 안 읽던 책을 하루아침에 읽으려고 하면 힘들다. 무엇을 하든지 처음은 어렵기 마련이다. 처음부터 무리하지 말고 마음 편하게 하루에 한 쪽만 읽는다고 생각하자.

하루 이틀 꾸준히 반복하다 보면 어느새 독서량도 늘어날 것이다. 책 한 권이 쌓여서 자신의 사고가 바뀌고 성공을 향해 한 발짝 더 나아갈 수 있다.

《아웃라이어》의 저자 말콤 글래드웰은 어떤 분야에서든 세계 최고 수준의 전문가가 되기 위해서는 1만 시간의 노력이 필요하다고 말했다. 그가 말하는 1만 시간의 법칙은 캐나다 몬트리올 맥길 대학교의 심리학과 교수 대니얼 레비틴 박사가 밝혀낸 연구 결과다.

　레비틴 박사는 독일 베를린 음악학교에서 5세 정도에 바이올린을 시작해 20세 정도가 된 학생들의 연습 시간을 분석했다. 이들 중 뛰어난 재능을 보이는 학생들의 평균 연습 시간과 보통의 재능을 지닌 학생들의 연습 시간에 차이가 있다는 것을 밝혀냈다.

　뛰어난 재능을 지닌 학생들의 연습 시간은 1만 시간에 이르렀지만, 보통의 재능을 지닌 학생들의 연습 시간은 8,000시간에 불과했다. 그가 말하는 1만 시간이라는 연습량은 하루에 3시간 또는 일주일에 20시간 이상을 10년 동안 꾸준히 해야만 도달 가능한 양이다. 하루 연습 시간의 차이는 작지만 그것이 누적되면 결국 재능에서 큰 차이를 보인다는 것을 의미한다.

　나는 초등학교 4학년 때 처음으로 자전거를 탔다. 그 당시 부모님에게 자전거를 사달라고 할 용기가 없었다. 그러다 우연히 동네에서 버려진 두발 자전거를 발견하고, 신나는 마음으로 올라탔다. 자전거를 타 본 사람은 알겠지만 처음부터 두발 자전거를 타기란 쉽지 않다.

　보통 처음에 자전거를 타게 되면 뒤쪽 바퀴에 보조 바퀴를 양

쪽으로 두 개를 달아서 네 발로 시작한다. 나 역시 네 개의 바퀴가 달린 자전거부터 차근차근 시작하고 싶었지만, 그럴 여건이 되지 않았다. 그래서 나는 남들과 다르게 처음부터 두 발로 시작했다.

균형을 잡기 위해 하루 종일 수없이 넘어지고 일어나고를 반복했다. 그렇게 시간이 흐르자 조금씩 균형을 잡게 되었고 조금씩 앞으로 나아갈 수 있게 되었다. 자전거를 타기 위해서도 오랜 시간 꾸준히 연습을 해야 실력이 느는 것이다.

유명 스포츠 선수인 박지성, 김연아는 10년 이상의 시간을 오로지 연습에만 투자하며 노력했다. 그 결과 세계에서 알아주는 실력 있는 선수가 되었다. 자신이 몸담고 있는 분야에 시간과 노력을 투자하지 않고 성공한다는 것은 절대 있을 수 없는 일이다. 독서 역시 같은 원리이다.

어제보다 오늘 더 성장하고 싶고 성공하고 싶다면 성공은 하루에 읽은 독서량과 비례한다고 생각해야 한다. 독서량에 따라 성공이라는 목적지를 향해 더 빨리 나아갈 수 있다.

성공이라는 열쇠는 어디에 숨겨져 있지 않다. 바로 자기 자신에게 있다. 자신을 믿고 꾸준히 책을 읽으며 성장하자. 어떠한 역경이나 어려움이 닥쳐도 그 순간들을 독서를 통해 꿋꿋하게 버텨 나가자. 머지않아 자신의 키 이상의 높이만큼 쌓인 책들과 함께 성공한 자신을 볼 수 있을 것이다.

독서는 나의 힘

나는 삶을 변화시키는 아이디어를 항상 책에서 얻었다.
- 벨 훅스 -

현대인들은 페이스북, 카카오톡, 네이버 밴드 등 SNS를 통해 더욱 많은 사람들과 연결되고 소통하고 싶어 한다. 왜냐하면 혼자 있는 시간이 두렵기 때문이다.

주위에 친하거나 아는 사람이 없으면 불안 증상까지 생길 정도다. 자신에게 중요한 일이 있더라도 혼자라는 외로움에 굳이 만나지 않아도 되는 친구들을 사귄다. 그러나 친구들을 만날 때는 모르지만 헤어지고 나면 뭔지 모를 공허함이 다시 찾아온다. 혼자라는 주위의 시선에 대한 두려움 때문에 반복적으로 계속 누군가를 만나려고 하는 것이다.

독서가 힘든 이유 중 하나는 조용한 공간 속에서 혼자 글을 읽어야 하기 때문이다. 공부를 하거나 책을 읽을 때에도 혼자서 그 시간들을 꿋꿋이 버텨내야 한다. 하지만 사람들은 그 새를 참지 못하고 재미있는 TV 프로그램을 보거나 자신이 좋아하는 게임을 하거나 음악을 듣는다.

독서나 공부를 하며 혼자 있는 시간에 자신이 아닌 다른 곳에 집중하다 보니 정작 본인이 원하는 꿈과 미래에 집중할 수 없게 된다. 그리고 다시 후회하게 된다.

만약 지금 자신이 원하는 대로 미래를 그리지 못하고 있다면 자신이 과거에 어떻게 생각하고 행동했는지 돌아볼 필요가 있다. 그런 시간들을 허투루 낭비한다면 자신의 내면과 대화조차 할 수 없을 뿐만 아니라 다른 사람 말에 자신의 인생을 마음대로 흘러가게 놔두는 것이나 마찬가지다.

나 또한 어릴 때부터 혼자 보내는 시간이 많았다. 부모님께서는 자영업을 하셨기 때문에 외할머니의 보살핌을 받으며 고등학교 때까지 부모님과 따로 떨어져 지냈다. 초등학교 때는 사립학교를 다녔기 때문에 방과 후에 어울릴만한 친구가 많지 않았다. 그래서 혼자 집에 있으면서 그림책을 읽거나 그림을 그리며 외로움을 달래기도 했다.

부모님은 남들처럼 똑같이 학원을 다니라고 강요하기보다는 내가 하고 싶은 것을 마음껏 경험할 수 있도록 도움을 주셨다. 그래서 나는 더욱 자유롭게 혼자 있는 시간을 즐겼고, 책을 읽으며 주인공의 모습을 상상하고 블록으로 내 생각을 표현했다. 그런 자유로운 시간 덕분일까? 나는 그림을 그리거나 손으로 만드는 것이라면 자신이 있었다. 그래서 사생대회, 과학의 날 행사 등 그림을 그리는 분야나 무엇을 만드는 분야에서는 매번 수상을 했다.

지금 돌이켜보면 그때는 무척 외로운 시간들이었지만, 혼자 있는 시간이 없었더라면 지금의 내 모습을 상상하지 못했을 것이다. 나만의 시간을 통해 자유롭게 상상하고 그 상상력을 생각으로 전환해 자아성찰을 하는 법을 배웠다. 독서는 이 능력을 배로 키울 수 있도록 도와주었다.

첫 번째 사례로는 전 직장에서 있었던 일이다. 나는 그때 영업부에서 근무를 했었다. 그래서 고객과의 소통은 물론이고 다양한 상황에 문제가 생기지 않도록 늘 신경을 썼다.

고객의 입장에서 다양한 상황을 해결하기 위해서는 다양한 관점과 경험이 필요했다. 나는 어떻게 하면 시행착오를 겪지 않고도 문제를 해결할 수 있는 능력을 키울 수 있을지 곰곰이 고민하고 생각했다.

오랜 고민 끝에 미리 다양한 상황들을 머릿속에서 상상하고 대처해 보자는 생각이 들었다. 그래서 다양한 상황들을 상상하며 어떻게 대처할지를 미리 그리며 아이디어들을 메모했다.

메모한 종이가 한 장씩 늘어날 때마다 다양한 상황들에 대한 나만의 대처 방법도 차곡차곡 쌓이게 되었다. 그렇게 치열하게 상상하고 연습한 지 6개월의 시간이 지나자 나만의 노하우와 매뉴얼들이 조금씩 정립되었다. 다시 현장에 투입되었을 때는 한 치의 실수 없이 수월하게 업무를 수행할 수 있었다.

두 번째 사례로는 군대에서 있었던 일이다. 군대에서는 자신이 맡은 보직에 따라 다르겠지만, 보통 야간에는 불침번이나 경계 근무를 선다. 이때 대부분 장병들은 아무 생각 없이 가만히 있게 된다. 하지만 나는 이러한 시간들이야 말로 상상의 나래를 펼칠 수 있는 기회라고 생각했다.

일본의 원로 뇌 과학자 사토 토미오는 '멍하니 있는 시간'이 얼마나 중요한지에 대해서 강조한다. 외부로부터 아무런 자극을 받지 않게 되면 뇌는 스스로 그동안 수집된 정보들을 다시 재배치하고 정리하여 자신의 것으로 만든다고 한다. 이러한 시간들을 주기적으로 자주 가져야만 혁신적이고 창조적인 아이디어가 떠오른다고 한다.

근무에 투입되기 전, 조금이라도 남는 시간이 있으면 독서를 했다. 그리고 경계 근무를 하며 읽었던 책의 내용을 다시 한번 생각하며 사색에 빠졌다. 이런 이유에서인지 다른 사람들은 근무표가 나오면 짜증을 냈지만 나는 근무 시간이 무척이나 기다려졌다.

근무를 완료하고 취침하기 전에는 근무를 수행하면서 생각했던 아이디어들을 다이어리에 옮겨 적으며 메모했다. 그리고 다음 날 아침에 일어나 전날 밤에 적었던 메모들을 확인하며 다른 분야와는 어떻게 연결이 되는지 생각했다.

예를 들어 습관이라는 키워드를 가지고 부에 관한 책을 읽으면서 부자들은 어떤 습관을 가지고 있는지 등 연관을 지어서 생각했다. 이렇게 연관을 지어 읽게 되다 보니 자연스럽게 사고의 확장과 더불어 다양한 분야에 관심을 가질 수 있게 되었다.

나는 부정적인 기억들로 편협한 생각을 갖지 않기 위해 치열하게 노력했다. 남들이 보면 과거의 내 시간들이 모두 아프고 슬픈 이야기라고 생각할지는 모르지만, 나에게 그런 시간들이 없었더라면 지금과는 다른 내 모습이 존재할 것이다. 나는 오히려 아프고 슬펐던 과거의 시간들이 고맙다.

아픈 과거의 시간들을 보내고 자투리 시간 독서를 시작한 덕분에 더욱 내 자신을 단단하게 만들 수 있었고, 어떠한 역경과 고난이 닥쳐도 다시 일어설 수 있는 힘이 되었다. 그리고 무엇보다도 '나는 할 수 있다.'라는 용기를 갖게 되었다.

지금도 많은 사람들이 나의 어린 시절처럼 외롭고 힘든 시간을 보내고 있을지 모른다. 나는 그들에게 말해주고 싶다. 내가 그랬던 것처럼 아픈 시간들도 자투리 시간을 활용한 독서를 한다면 충분히 이겨낼 수 있을 것이다. 그 순간만 잠시 버틴다면 또 다른 기회가 당신 앞에 서 있을 것이다. 다시 한번 용기를 내어 한 발짝 내딛어 보자. 세상은 당신이 더욱 크게 성공하길 기다리고 있다.

PART 2

독서는 조건이 아니라 습관이다

지금의 조건에서
독서하는 법

완벽을 추구하는 한 마음의 평안은 결코 얻을 수 없을 것이다.
- 레프 톨스토이 -

    많은 직장인들이 하고 싶은 일이 있어도 용기를 내서 쉽게 시작하지 못한다. 대학교를 다니며 빌렸던 학자금 대출을 갚기 위해 취업을 했어도 자신을 위해 투자할 여력이 없는 것이다. 학자금 대출을 모두 다 갚고 나면 결혼할 나이가 되어 다시 집을 얻기 위해 대출을 받는다. 직장인들은 이러한 여러 가지 상황들로 인해 월급의 일정 금액을 자기계발이나 책을 사는 데에 투자하기가 쉽지 않다.

    물론 바쁜 현실 속에서 새로운 것을 시작하기란 두려움이 앞서는 게 당연하다. 하지만 두려움에 맞서 지금이라도 시작하지 않는다면 나이가 들수록 두려움은 커지고 시작하는 일도 더욱 어려워질 것이다. 그렇다면 자신을 위해 꾸준히 독서를 하고 자기계발에 투자하는 사람들은 돈이 많고 시간이 여유로워서 하는 것일까?

나는 직장에 다니면서 사람들에게 항상 독서를 권유했다.

"선배님, 책을 읽게 되면 자신이 겪어 보지 못한 경험들을 다른 사람을 통해 간접 체험할 수 있어요."

"책을 읽을수록 의식이 확장이 되고 남들과 다른 생각을 할 수 있습니다!"

내가 아무리 독서의 장점을 설명해도 모두 고개만 끄덕일 뿐 실천으로 옮기는 사람은 거의 없었다. 대부분의 사람들은 머릿속으로 지성인의 삶을 꿈꾸고 더 나은 삶을 상상하지만 현실과의 괴리감 때문에 쉽게 포기하고 만다.

오늘도 어제와 같은 생활에 안주한 채 자신을 변화시키고 발전시켜야겠다는 간절함을 찾기란 쉽지 않다. 그리고 시간이 지나서야 독서를 하지 못한 것을 후회한다.

버나드 쇼의 묘비명인 '우물쭈물 하다가 내 이럴 줄 알았지.'라는 말처럼 이런저런 상황과 여러 가지 이유로 인해서 하고자 하는 것을 포기하고 후회하는 삶을 살아서는 안 된다. 오늘이 인생의 마지막이라고 생각하며 지금 바로 시작해야 한다.

누구든 익숙하지 않은 것을 처음 시작하려고 하면 두렵고 망설여진다. 운전을 처음 시작하는 사람이라면 시작하기도 전에 '겁도 많은 내가 과연 잘할 수 있을까?' '운전을 하다가 사고라도 내면 어떡하지?'라고 걱정부터 한다. '시작이 반이다.'라는 말처럼 막상 시작하고 나면 생각보다 어렵지 않다.

독서만큼 쉬운 게 또 있을까? 예를 들어 야구 경기를 진행하기 위해서는 경기에 참여할 인원을 모집해야 되고 야구 방망이, 글러브 등 각종 장비, 경기장 대여와 같은 준비가 필요하다. 하지만 독서는 책을 읽고 변화하고 발전하겠다는 의지와 자신이 읽고 싶은 책, 읽을 수 있는 장소만 있다면 누구든지 할 수 있다.

독서 습관은 걱정과 두려움을 사라지게 만든다. 그리고 내면의 아픔과 자신감을 회복하게 하고 무슨 일이 닥치더라도 극복할 수 있는 단단한 마음을 갖추게 만든다. 독서를 시작하려고 하면 많은 준비물이 필요한 것도, 조건이 필요한 것도 아니다. 오직 '책을 읽고 발전하겠다는 의지'와 '꾸준한 실행력'만 있으면 된다.

'세살 버릇 여든까지 간다.'라는 속담이 있다. 어릴 때 어떤 습관을 기르느냐에 따라 죽을 때까지 따라 간다는 말이다.

처음부터 나쁜 습관을 기르면 평생 고생하지만, 좋은 습관을 기르면 평생 자신이 원하는 대로 살 수 있다. 학창시절에 꼭 평소에는 친구들과 놀기만 하고 공부를 잘 안 하는 친구였는데, 막상 시험을 보면 성적이 잘나오는 친구들이 있지 않은가?

나는 그런 친구들을 볼 때면 얄밉기도 하고 질투가 났다. 하지만 그에게는 자신만의 공부 비밀이 숨겨져 있었다. 겉으로는 노는 것처럼 보여도 공부 습관이 좋았던 것이다.

보통 학생들은 시험 기간이 다가오면 몇 주 전부터 벼락치기로 시험을 준비한다. 하지만 성적이 잘 나오는 친구들은 평소에 조금씩 짧은 시간이더라도 제대로 집중해서 자신의 공부 분량을 채운다. 단기적으로 볼 때면 벼락치기가 효과가 있어 보이지만, 장기적으로 봤을 때는 매일 꾸준히 공부하는 습관을 가지고 있는 학생이 좋은 성과를 거두는 법이다. 또한 벼락치기로 공부하는 사람은 중간에 무슨 일이 생기거나 슬럼프가 오면 중도에 포기하기 쉽다. 하지만 꾸준히 공부하는 습관을 갖고 있는 학생은 공부에 집중해서 자신의 페이스를 빠르게 찾을 수 있다. 처음에 어떤 습관을 갖느냐에 따라 시작과 끝은 차원이 달라진다.

개그맨 이경규는 30년이 넘도록 최고의 자리를 지키고 있다. 그는 "성공하려면 반복된 생활을 계속하면 된다. 사실 나이가 들면 의지할 사람이 없다. 후배한테 의지하겠나, 선배를 찾아가겠나. 믿을 것은 나 자신뿐이다. 스스로를 컨트롤할 수 있어야 하는데, 나는 반복적인 생활에서 그 답을 찾는다. 일주일을 기준으로 똑같은 패턴을 반복하며 산다. 운동을 규칙적으로 하면 근육이 생기는 것처럼 똑같은 패턴으로 생활하면 어느 순간 '내가 발전했구나!'라는 걸 느끼게 된다. 돈에 대한 욕심, 인기에 대한 욕심, 사람에 대한 욕심 다 버리고 생활의 달인처럼 살아가면 그게 성공인 것이다."라고 인터뷰에서 말했다.

그가 반복의 힘을 강조했듯이 현재 자투리 시간을 활용한 독서를 통해 반드시 성공하겠다는 의지와 간절함을 가지고 꾸준히 실행하라.

새해가 되어 책을 읽겠다는 목표를 세우고 하루 이틀 읽다가 그만두고 포기하는 것이 아닌 하루에 한두 쪽이라도 읽겠다고 생각해야 한다. 한 장이 어느새 한두 권이 되고 그것이 쌓이면 자신감을 갖게 되고, 인생의 나침반이 된다.

지금의 조건에서 독서하는 힘은 자신이 얼마나 변화를 갈망하는지를 나타내며 실천으로 옮기는 것에 따라 자신을 더 크게 성장시킬 수 있다. 만약 이 글을 읽고 있는 당신이 지금 당장 인생을 변화시키고 싶다면 독서 습관을 만드는 것에서부터 시작해야 한다.

독서,
조건이 아니라 선택이다

많은 사람들이 재능의 부족보다 결심의 부족으로 실패한다.
- 빌리 선데이 -

인생은 선택의 연속이다. 아침에 일어나서 알람을 끄고 더 잘지 말지, 일어나서 양치를 먼저 할지, 머리를 먼저 감을지 하루의 시작을 선택과 함께한다. 어렸을 때만 해도 자유롭게 내가 하고 싶은 대로 선택하며 자유를 만끽한다. 하지만 나이가 들수록 책임져야 할 일들이 늘어나면서 선택의 폭은 점점 더 좁아진다.

나는 자신 있게 말할 수 있는 꿈이 없었기 때문에 돈을 벌기 위해서 또래 친구들보다 사회생활을 먼저 시작했다. 고등학교를 졸업하고 처음 들어간 직장은 이름만 들어도 남들이 부러워하는 KT&G였다.

KT&G에 합격된 그 순간만큼은 누구보다 행복하고 기뻤다. 내가 좋은 직장에 들어가자 사람들은 부모님을 부러워했고, 친구들은 나에게 어떻게 입사를 하게 되었는지 끊임없이 질문했다. 그러나 입사 뒤 깨닫게 된 것은 내가 남 좋은 선택만 했다는 것이다. 대기업에 들어가서 행복하고 기뻤던 것이 아니라 대기업에 들어감으로써 주변 사람들의 반응에 행복하고 기뻤던 것이다. 그러나 남들이 좋아하는 선택을 했다고 해서 나는 후회하지 않았다. 오히려 남들보다 일찍 사회생활을 시작하게 되어 나 자신에게 고마웠다.

사회생활을 일찍 시작하다 보니 내가 하는 말과 행동에 대해 책임감이 생기고, 상대방을 배려하는 마음, 인간관계의 중요성 등을 배웠다. 또래 친구들이 대학 등록금과, 취업, 연애 걱정을 할 때 나는 직장생활 이후의 삶을 고민했다. 그러나 이른 나이에 직장생활을 시작하면서 또래의 친구들보다 많은 것을 배우고 깨우칠 수 있었지만, 내가 할 수 있는 행동의 범위와 선택의 폭은 상대적으로 좁았다.

친구들은 대학교에서 수업이 없는 날에는 자유롭게 책을 읽거나 늦잠을 잘 수 있지만, 나는 매일 아침 똑같은 시간에 일어나 지하철로 출근하기 바빴다. 점심에 밥을 먹으러 가더라도 친구들과 먹는 것이 아닌 선배와 상사의 눈치를 보며 메뉴를 정하고, 메뉴 또한 내가 먹고 싶은 메뉴가 아닌 선배와 상사가 주문한 메뉴와 똑같거나 비슷한 메뉴를 주문했다.

회의가 있는 날이면 숨이 조여 왔다. 상사가 좋은 아이디어가 있느냐고 직원들에게 질문을 하면 모두 일제히 침묵했다. 누군가 좋은 아이디어를 말하더라도 상사의 생각과 일치하지 않거나, 마음에 들지 않으면 속된 말로 찍히기 일쑤였다. 이런 경직된 분위기 속에서 의견을 말하거나 자유롭게 선택을 하는 것은 그야말로 목숨을 거는 일이었다. 그런데 희한하게도 의견을 내지 않으면 말이 왜 이렇게 없느냐는 질책이 나왔다. 그렇다고 의견을 많이 내면 또 말이 많다고 했다. 갈팡질팡 하는 상황이 생기고 도저히 어디에 중심을 잡아야 할지 갈피를 못 잡았다. 이러한 상황들이 어느 정도 반복되고 적응이 되자 주관 없이 다른 사람들의 말에 귀를 기울이고 눈치를 보게 되었다.

경직된 조직생활 속에서 유일하게 자유롭게 선택할 수 있는 것은 독서뿐이었다. 독서를 했기 때문에 직장도 잘 다닐 수 있었던 것 같다. 독서는 내가 읽고 싶은 분야의 책을 자유롭게 고르고, 읽고 싶은 만큼만 읽어도 되는 온전한 내 시간이었다.

아침부터 저녁까지 직장에서 온종일 상사와 거래처들을 상대하는 시간들을 보내고 나면 독서는 그야말로 초콜릿처럼 달콤했다. 독서로 단련한 정신은 직장 선배나 상사의 부정적인 말이나 질책에도 상처받지 않고 대처할 수 있도록 도와주었다. 그리고 독서량이 늘어날수록 생각하는 수준 또한 다른 사람들보다 앞서간다는 것을 느낄 수 있었다. 자투리 시간을 이용한 독서는 인생의 경험 중에 최고의 경험이었다.

대부분의 사람들은 스스로 한계를 만든다. 다른 사람들이 원하는 대로 사는 인생이 아니라 진심으로 자신이 원하는 삶을 살아야 한다. '이건 내가 꿈꾸던 미래가 아니야.'라며 속마음으로만 말하지 말고, 다른 사람들이 만든 조건 속에서 빠져나와 그들과 다른 선택을 해야 한다.

나는 독서를 통해 나의 현실과 미래를 똑똑히 보게 되었다. 그래서 잘 다니던 직장을 그만두기로 결정한 것이다. 대학을 나와서 취업을 하고 다시 승진을 위해 대학원을 가고 중간에 결혼을 하고 승진, 은퇴, 이직 등 반복되는 삶은 살기 싫었다.

나는 우물 안 개구리처럼 살기보다는 자유롭게 다니며 내가 가진 지식과 경험, 노하우들을 다른 사람들에게 알려주는 일을 하고 싶었다. 직장을 그만둔다고 말하자 많은 선배들과 주변 사람들이 만류했다.

"여기서 50년 동안 평생 안전하게 먹고 살 수 있는데 뭐하려고 나가는 거니?"

"지금 이 힘든 순간만 버티면 된다. 나가지 말고 다시 한번 생각해 봐."

그들은 나를 걱정하며 퇴사를 만류했다. 하지만 나는 한 번뿐인 인생에서 가슴이 시키는 일을 선택했다. 그렇게 나는 현재 네이버 카페 〈한책협〉에서 많은 사람들이 작가, 코치, 강연가로 행복한 삶을 살아갈 수 있도록 도움을 주고 있다.

지금 이 순간이 직장에 다닐 때보다 행복하다. 왜 사람은 자신이 좋아하고 하고 싶은 일을 해야 하는지 깨닫게 되었다. 나는 남들보다 스펙이 좋거나 외모가 뛰어난 것도 아니다. 하지만 내가 꿈꾸는 모습으로 나아가기 위해서 큰 결심과 용기를 내어 앞으로 나아갔다. 이러한 결단과 용기를 일깨워 준 잠재능력은 독서 덕분이었다.

나는 모든 사람들이 자신만의 잠재능력을 갖고 태어난다고 믿는다. 하지만 학교, 학원, 도서관에서 자신의 꿈과 소명을 위해서 공부하는 것이 아니라 취업을 위한 공부와 각종 '스펙'을 쌓기 위해 공부한다. 그래서 자신의 내면에 있는 잠재능력이 무엇인지 모르고, 자신의 진짜 모습들을 감춘 채 살아간다. 하지만 곧 이러한 삶을 통해서는 부자도 될 수 없고, 자신이 원하는 삶도 살 수 없다는 것을 깨닫는다.

지금부터라도 남들과 같은 선택을 하며 똑같은 삶을 살지 말자. 자신만의 선택과 자투리 시간을 이용한 독서로 자신을 찾고 미래를 계획하자. 자신이 하고 싶어 하는 일을 하려고 다짐하고 행동으로 옮겼을 때 새로운 세계가 열린다. 지금 바로 독서를 통해서 자신이 원하는 길로 가기 위한 현명한 선택을 하길 바란다.

독서는
아무나 할 수 있다

책은 펴보지 않으면 나무조각이나 같다.
- 영국 격언 -

　사람들은 보통 책을 읽는 것에 대해 선입견과 편견을 가지고 있다. '나는 책 읽을 시간과 여유가 없어.', '읽어도 그때뿐이겠지.' 자신이 그어 놓은 한계로 인해 더 이상 독서를 하려고 시도조차 하지 않는다. 자기 안에 독서를 할 수 있는 능력이 충분히 있는데도 사람들은 독서의 잠재력을 평생 동안 사용하지 못하기도 한다.

　인도에서는 코끼리를 훈련시킬 때 처음에는 어린 코끼리의 다리를 사슬에 묶어 둔다. 코끼리는 사슬을 끊기 위해 이리저리 시도해 보지만 충분한 힘이 없기 때문에 끊지 못한다. 계속해서 사슬을 끊기 위해 노력하지만 결국 나중에는 포기하게 된다.

　시간이 흐른 뒤 코끼리가 다 크게 되면 사람이나 무거운 짐을 싣고 나를 정도로 충분한 힘이 생긴다. 하지만 어른이 된 코끼리는 탈출하지 않고 가만히 있는다. 과거의 경험을 통해 탈출이 무용하다는 것을 학습했기 때문이다.

심리학자 셀리히만은 이러한 상황을 보고 '학습된 무기력'이라고 말했다. 어린 시절부터 극복하기 힘든 상황 속에서 이겨내지 못하면, 어른이 되어서도 똑같은 상황에 직면했을 때도 시도조차 하지 않는다는 것이다.

책을 읽는 것 역시 학습된 무기력과 일맥상통한다. 어렸을 때 책을 많이 접해보지 않은 만큼 어른이 되어서도 독서를 시도조차 하기 어려워진다. 책에 대한 자신의 사슬이 점점 더 무거워지는 것이다.

우리나라 사람들은 무엇이든지 빨리해야 직성이 풀린다. 나 역시 마찬가지다. 나는 군대에 있을 때도 더 많은 책을 읽고 싶었지만 제한된 공간 때문에 한계가 있었다. 그래서 휴가를 나올 때마다 서점에 들러서 4~5권씩 책을 구입해 복귀하고는 했다.

새 책을 사물함에 넣어 놓고 읽을 생각에 마음이 절로 흐뭇해졌다. 하지만 시간이 흐를수록 다음 책을 빨리 읽고 싶은 조급함에 집중력이 떨어지고 딴 생각이 들었다. 결국 동기들이 축구를 하러 가자고 하거나 훈련 기간이 겹치면 독서는 뒷전이 되어 버렸다.

시간이 지날수록 사물함에 있는 책들이 부담스러워지기 시작했다. 읽을 생각은 안 하고 속으로 '저걸 언제 다 읽지? 빨리 읽어야 할 텐데…….'라며 생각만 했다. 점차 사물함에 있는 책들을 외면하게 되었다. 며칠 뒤 다시 한번 큰 결심을 하고 한 권만이라도 제대로 읽자는 생각으로 지난번에 사왔던 책 중에 가장 관심 있는 분야의 책을 꺼내 들었다. 그리고 '한꺼번에 많이 읽으려고 해서 그런 거야. 한 권은 거뜬히 읽겠지.'라는 생각으로 읽기 시작했다. 하지만 읽으면 읽을수록 졸음이 쏟아지고 딴 생각이 들었다. 머릿속에서는 며칠만 쉬었다 읽어야지 싶었지만 결국 책은 사물함 위에서 내려올 줄을 몰랐다.

그러던 어느 날 나는 선임병이 상병 진급 측정에서 떨어진 상황을 보게 되었다. 겉으로는 안쓰러운 척 표정을 지었지만 속으로는 '나는 절대 후임들에게 부끄럽지 않은 선임이 되어야겠다.'라고 다짐했다.

그날 이후 나는 절대로 상병 진급에서 누락되지 않도록 체력측정, 사격, 각종 훈련 등을 누구보다 열심히 했다. 주변에서는 가만히 있어도 진급하는데 뭐하려고 그렇게까지 열심히 하느냐고 만류했지만 남들이 뭐라고 하든지 한 귀로 듣고 한 귀로 흘렸다. 오로지 내가 목표하는 상병 진급을 위해 달리고 또 달렸다. 그렇게 열심히 한 결과 나는 상병 진급을 2개월 앞당기게 되었다.

이 일을 계기로 나만의 페이스를 독서에도 적용시켰다. 책을 읽다 말다 반복하는 학습된 무기력을 극복하기 위해 다시 책을 펼쳤다. 나는 꾸준한 시도 끝에 지금까지 자투리 독서 습관을 이어올 수 있었다.

처음부터 책 읽는 습관이 갖춰지지 않았는데 무조건 많이 읽으려고 하면 오히려 부담감만 생긴다. 한 가지 일을 진행하는데 갑자기 2~3가지 일이 한꺼번에 밀려오는 것처럼 말이다. 세상에는 수많은 책이 있고 사는 동안 그 책들을 모두 읽을 수 없다. 나에게 필요한 책만 골라서 읽기에도 삶은 너무 짧다. 가벼운 마음으로 자신이 관심 있는 분야의 책부터 가까이 다가가 보자.

이제 당신도 스스로 정해둔 한계와 부정적인 편견을 깨고 독서를 통해 더 발전적인 삶을 살아야 한다. 책을 많이 읽는다고 해서 저절로 자신의 삶이 변화하지 않는다. 바로 한 가지라도 꾸준히 실천하는 것이 중요하다.

나는 군대라는 제한된 시간과 공간 속에서 자투리 시간을 활용해 독서를 했다. 그렇게 독서를 시작한 지 1년 동안 수백 권의 책을 읽었다. 독서는 나를 다른 세계로 안내한다. 이선영 작가의 책《1인 창업이 답이다》에서는 기존에 내가 가지고 있던 고정관념을 깨뜨리는 구절이 나온다.

"각박한 현실 속에 우리는 우리도 모르게 '꿈'보다는 세상이 원하는 성공 기준인 아파트 평수, 대기업이라는 간판, 연봉이라는 '밥'에 연연해왔다. 이제는 남들 시선을 의식하지 말고 죽기 전 '후회 없는 삶을 살다가 간다.'라고 생각하고 가야 하지 않겠는가?

사표를 늘 품에 안고 있지만 집에서 기다리는 사랑하는 아내와 아이 때문에 망설여지는가? 그렇다면 언젠가는 조직을 떠나야 한다. 서로의 합의하에 조직에 몸담고 있는 것이므로 어느 한쪽에서든 그 필요성이 없어지게 마련이다. 그때를 준비해야 한다. 회사에 있는 동안 준비해야 한다. 구조조정이나 퇴직 후에 생각한다면 이미 끝난 게임이다."

대부분의 사람들은 자신이 원하는 것이 무엇인지 모른 채 남들과 같이 대학을 나오고 결혼한다. 나 역시 아무 목표 없이 다른 사람들과 똑같은 생각으로 살아왔다. 하지만 독서를 통해 내가 알지 못한 세계를 보았고, 인생의 고비마다 답을 찾았다. 처음부터 '책은 배울 게 없을 것 같아.'라는 편견으로 책을 펼치지 말자. 독서로 인해 오늘 당장 자신이 어떤 생각의 선물을 받을지 모르기 때문이다. 오직 설레는 마음으로 책을 펼쳐라.

며칠 전 〈복면가왕〉이라는 가요 프로그램을 시청했다. 이 프로그램에서는 나이, 신분, 직업을 숨긴 스타들이 목소리만으로 실력을 뽐내는데 그 인기 비결은 아마 외면으로 판단되는 편견과 선입

견에서 벗어나 오직 노래에 집중하기 때문일 것이다. 우리는 각자 자신만의 세계에 살고 있다. 내 삶의 주인공은 바로 나다. 하지만 수많은 정보의 홍수 속에서 색안경을 벗고 부정적인 사고와 편견에 휘둘리지 않기란 쉽지 않다. 그러므로 나를 굳건히 지키기 위해서는 독서가 필요하다.

독서의 99%는
습관이다

사람이 운명을 결정하는 것이 아니다.
사람은 자신의 습관을 결정하고 그 습관이 그들의 운명이 된다.
― 마이크 머독 ―

온종일 반복하는 행동이 곧 습관이다. 세 살 버릇 여든까지 간다는 속담처럼 처음부터 어떤 습관을 가지고 있느냐에 따라 남은 인생이 달라진다. 자신이 원하는 꿈과 미래를 그리기 위해서는 그에 맞는 습관이 중요하다. 어릴수록 좋은 습관을 길들이면 나중에 그만큼 편해지지만 어른이 되어서도 좋은 습관이 형성이 되어 있지 않으면 몇 배의 시간과 에너지를 들여 고치거나 그대로 살아야 한다. 그래서 부모님과 선생님들이 아이들의 올바른 습관을 위해 노력하는 이유인 것이다.

습관은 어떤 사건이나 경험을 통해서 형성되거나 자신만의 방법을 규칙적으로 만들어서 형성할 수 있다. 나는 아침 일찍 일어나는 습관을 가지고 있다. 학교생활부터 직장생활까지 개근상을 놓치지 않을 정도로 부지런했다. 한 번도 지각을 하지 않았던 이유는 초등학교 시절 억울하게 지각을 했던 경험 때문이었다.

나는 버스를 타고 등하교를 했다. 그날도 어김없이 평소대로 버스를 기다리며 서 있었다. 그러나 예정된 도착 시간이 되어도 버스는 오지 않았다. 마음속으로 '조금만 더 기다려 보자. 곧 오겠지.'라며 기다렸지만 시간은 계속 흘러갔다. 결국 버스는 오지 않았고, 옆에 있던 다른 반 친구의 부모님 차를 타고 등교 시간을 훌쩍 넘긴 뒤에서야 교실에 들어갈 수 있었다. 여태껏 지각을 해 본 적이 없어서 이러한 상황을 어떻게 대처를 해야 할지 몰라 당황하기만 했다.

담임선생님은 늦게 들어온 나를 가리키며 교실 뒤에 가서 손을 들고 서 있으라고 했다. 의도치 않게 지각한 이 상황이 스스로에게 너무나도 억울해서 눈물이 났고, 그날 이후로 내 인생에 지각은 없다고 굳게 다짐했다. 이러한 다짐은 지각을 하지 않기 위해 일찍 일어나는 습관으로 이어졌다. 만약 그때 내가 지각을 하지 않고 평소대로 등교를 했었더라면 지금처럼 부지런한 습관을 기를 수 없었을 것이다. 이제는 일찍 일어나는 습관이 일상이 되었고, 더없이 소중한 습관이자 자산이다.

나는 좋은 습관을 기르기 위해 노력했다. 독서 습관과 더불어 체력을 키우기 위해 운동하는 습관을 기르며 스스로 발전했다. 직장생활을 하면서 할애할 수 있는 시간은 출근시간, 점심시간, 퇴근 후 시간이었다.

특히 출근 전 새벽시간은 사람들이 잠을 자거나 거의 활동하지 않는 시간이기 때문에 운동이나 독서 습관을 기르는 데 아주 좋은 환경이었다. 하지만 나는 처음부터 욕심이 지나쳐 운동과 독서라는 두 마리 토끼를 한 번에 잡으려고 했다. 곧 운동과 독서 모두 하는 둥 마는 둥 목표치를 채우지 못하거나 실행으로 옮기지 못하는 날이 많아지기 시작했다. 이러다가는 처음 목표한대로 습관을 기르지 못할 거 같아 효율적인 방법을 찾기 위해 노력했다. 그러던 중 우연히 스티븐 기즈 작가의 《습관의 재발견》이라는 책을 읽게 되었고, 곧 내가 왜 습관을 기르는 데 실패했는지 원인을 찾을 수 있었다.

우리는 보통 새해가 되면 새롭게 시작한다는 의미에서 많은 목표들을 설정하고 계획한다. 하지만 대부분 사람들이 처음 몇 번은 목표하는 대로 실행에 옮기다가 작심삼일로 그치거나 결국 포기하고 만다. 그리고 또 새해가 밝아오면 새로운 목표를 설정하고 작심삼일 하다가 그만두는 식으로 악순환을 반복한다. 나중에는 스스로 자책하며 후회하는 시간을 보낸다.

《습관의 재발견》을 읽으면서 깨닫게 된 것은 처음부터 너무 큰 목표를 잡는 것 자체가 습관을 만드는 것을 방해하는 가장 큰 원인이라는 것이었다. 뇌는 느리게 진화하기 때문에 갑작스러운 변화는 잘 받아들여지지도 않을뿐더러 다시 돌아가려는 본능이 있다. 그래서 이 책의 저자는 작은 목표를 설정해서 반복하는 것이 습관을 기르는 첫 번째 프로젝트라고 말한다.

예를 들어 팔굽혀펴기를 할 때 목표를 100개 아닌 1개를 설정함으로써 뇌에서 너무 쉽게 생각할 정도로 만들고 목표대로 꾸준히 행동으로 옮기면서 조금씩 자신의 습관을 만들어 가는 것이다. 나 역시 작가가 말하는 것처럼 운동과 독서 습관을 기르는 데 그대로 적용했다. 각각 하루에 줄넘기 1개, 책 1쪽 읽기를 목표로 설정하고 꾸준히 실천하며 습관을 길렀다. 터무니없을 정도로 작은 목표 설정이 과연 도움이 될까 싶었지만 반드시 습관을 기르겠다는 신념과 믿음으로 이어나갔다.

습관을 기르는 데 있어 목표 설정과 꾸준함 반복은 어느덧 목표한 대로 행동할 수 있도록 해주었다. 그 결과 체력은 물론 언제 어디서든 주어진 시간만큼 독서와 운동을 할 수 있게 되었다.

대부분의 사람들은 알면서도 자신이 목표한 것을 행동으로 옮기지 않는다. 지금까지 배워온 지식과 정보를 자신의 것으로 만드는 것은 실행과 적용뿐이라는 것을 잊지 말자.

책을 읽고, 강연을 들으며 배울 수도 있지만 독서 후에 다른 사람에게 설명하거나 강연을 할 때 제대로 아는 것이다. 배우고 실천하지 않으면 실제로는 배운 것이 아니다. 항상 배우고 익힌 것을 실천해야 습관을 기를 수 있다. 인생의 모든 성과나 성공은 이 세 가지에서 비롯된다. 마지막으로 영국의 철학자이자 경제학자였던 하버트 스펜서의 말을 기억하자.

"교육의 위대한 목표는 배우기만 하는 것이 아니라, 배운 것을 실천하는 '행동'이다."

당신은 현재 어떤 습관을 가지고 있는가? 습관에 따라 행복한 인생일 수도 있고 불행한 인생일 수도 있다. 책벌레라고 불리던 사람들이 성공적인 삶을 살아갈 확률이 높다. 왜냐하면 독서가 습관이 되어 그것을 통해 알게 된 지식과 지혜로 인생의 어려움을 이기고 늘 올바른 선택을 했기 때문이다.

현재 독서하는 습관이 없다고 시작하기 전부터 포기하지 말자. 없다는 것은 그만큼 더 발전할 수 있다는 뜻이다. 지금부터 1%의 작은 행동으로 99%의 독서 습관을 만들어 가면 된다.

정상에 서 있는
사람들의 비밀

남의 책을 읽는 데 시간을 들여라.
남이 애써서 얻은 것으로 자기 자신을 쉽게 개선할 수 있다.
- 소크라테스 -

    평소에 길을 걷다 보면 높은 빌딩들을 쉽게 볼 수 있다. 빌딩들을 바라보면서 '저 건물의 꼭대기 층에는 누가 살까?', '저 위에 있는 사람은 어떻게 저 자리까지 올라갈 수 있었을까?'라는 궁금증이 생긴다. 하지만 그런 생각들은 그때뿐 뒤돌아서면 다시 일상에 빠져 산다.

    사람들이 성공하기를 꿈꾸고 바라지만 그저 생각만 할 뿐 목표를 설정해서 행동으로 옮기지 않는다. 목표를 설정해서 행동을 한다고 해도 몇 번 시도하다가 원하는 대로 성과가 나오지 않으면 쉽게 포기한다. 하지만 성공한 사람, 즉 정상에 있는 사람들은 평범한 사람과는 다른 무언가가 있다.

    나는 책을 통해서 어떻게 성공하게 되었는지 연구하게 되었고,

그 실마리를 조금씩 찾기 시작했다. 지금부터 그 비밀들을 함께 살펴보자.

성공한 사람들은 수많은 역경과 고난을 겪으며 끝내 자신의 목표를 이룬다. 이 모든 과정 속에서 버팀목이 되어 준 것이 바로 책이다. 독서는 자신감을 키워주고, 두려움을 극복할 수 있는 지지대가 되었다. 그렇게 자신이 겪고 있는 문제를 이미 지나간 사람들의 책을 읽음으로써 자신에게 처한 문제를 해결할 수 있는 것이다. 물론 어느 때는 책 한 권으로 문제를 해결할 수 있지만 그렇지 않을 때도 있다. 그래서 직면한 문제 외에 다양한 분야의 책을 읽음으로써 다방면으로 시각을 넓히는 것이 중요하다.

경영 분야의 대가인 피터 드러커는 자신에게 닥친 문제들을 독특한 독서법으로 극복한 것으로 유명하다. 그는 평범한 사원으로 사회생활을 시작했다. 취업을 한 후에 대학에 진학한 그는 학교에는 거의 출석을 하지 않고 오직 회사 근처에 있던 공립 도서관에서 다양한 분야의 책을 읽었다.

그는 3년을 주기로 인문학, 경영학, 경제학 등의 분야를 집중적으로 연구하고 공부하며 자신의 지식을 끊임없이 넓혀 나갔다. 다양한 분야의 지식들이 채워지자 자연스럽게 어떤 문제에 직면하더라도 막힘없이 해결할 수 있었다. 그는 자신의 저서 《피터 드러커 나의 이력서》에서 이와 같이 말했다.

"저술 활동과 강의 등 일 외에 나는 매년 새로운 주제를 발굴하여 3개월간 집중적으로 공부하고 있다. 그 외에는 3년마다 계획을 세우고 있다. 예를 들면 '셰익스피어의 전집을 천천히 주의 깊게 읽는 것' 같은 일이다. 이는 몇 년 전에 끝마친 일인데, 나는 셰익스피어 다음으로 발자크의 대표작인《인간희극》시리즈에 몰두했다."

그가 쓴 책만 읽더라도 경영 분야에서 성공하기까지 방대한 양의 시간과 에너지를 독서에 투자했다는 사실을 알 수 있다. 자신이 지금 처한 상황을 해결하지 못하고 있다면 문제를 해결할 수 있는 분야의 책을 지금 바로 찾아 읽어 보자.

자신이 생각하는 대로 세상이 움직이면 얼마나 좋을까? 하지만 자신의 뜻대로 되지 않는 날이 더 많다. 원하던 일이 뜻대로 잘 안 풀릴 때, 큰 어려움에 부딪힐 때 똑같이 어려운 상황에서 누군가는 실패하고, 누군가는 성장하는 이유는 무엇일까?

다독가로 유명한 알리바바 그룹의 마윈 회장은 "창업자의 독서량이 많지 않다고 해서 문제가 되지 않지만, 사회에 나와서도 책을 읽지 않는 것은 경계해야 한다."라고 말했다.

그는 성공한 리더들은 세상 사는 법을 책에서 배운다고 고백했다. 그는 현재 중국의 성공한 사업가가 되었지만 청년 시절 무수한 좌절을 경험했다. 대입에 실패하고, 30번이나 취업을 거절당

했으며, 삼수 끝에 겨우 대학에 합격할 수 있었다.

그 후에도 창업을 하기까지 수많은 고비를 겪었다. 마윈이 포기하지 않고 도전할 수 있었던 것은 중국 작가 류야오의 《인생》에 나오는 '시련을 겪지 않고, 무지개를 보려하는가.'라는 한 구절 덕분이라고 한다.

성공했다고 평가받는 사람들도 어려움에 부딪히기는 마찬가지다. 그렇지만 그들은 어려울 때일수록 손에서 책을 놓지 않았다. 빌 게이츠 역시 주중에 30분씩, 주말에는 3~4시간씩 책을 읽는다고 한다. 가장 성공한 투자자 워런 버핏은 매일 깨어 있는 시간의 3분의 1 이상을 독서에 투자한다. 독서의 위력을 누구보다 잘 알고 있기 때문이다.

성공한 사람들에게 독서는 선택이 아니라 필수다. 인류가 과거부터 지금까지 발전할 수 있었던 것도 모두 책이 있었기 때문이다. 훌륭한 선생님이 가르쳐 준다고 해도 교과서 없이는 수업 진행이 어렵다. 세상을 바꾼 위인도 위인전이 없으면 그의 삶을 알 길이 없다. 즉, 책을 읽지 않는 사람은 인생의 변화 선상에서 출발도 하지 못한 채 서 있게 될 것이다.

과거보다 현재 더 많은 종류의 책들이 출간되지만 사람들은 책의 가치와 소중함을 모른 채 자신과 비슷한 상황에 놓인 사람들의 말에 더 귀를 기울인다. 성공한 사람은 절대로 자신과 비슷한 상황에 놓인 사람들에게 조언을 구하지 않는다. 오로지 책을 통해서 다른 사람의 성공과 실패를 배우며 성공적인 미래를 그린다.

독서를 하지 않고 자신의 생각만으로 수많은 역경을 헤쳐 나갈 수 있다고 자신 있게 말할 수 있는가? 책으로 인해 많은 지식과 경험, 다른 저자의 이야기를 만나볼 수 있는 기회가 있는데도 외면해 버리는 자만심에 빠지지 않길 바란다.

책을 통해서 인류의 자산이 어떻게 만들어졌으며 정상에 있는 사람들이 어떻게 생각하고 사고하는지 깨닫자. 차근차근 꾸준히 한 단계 한 단계 습득해 나가면 지금의 내가 갈 수 있는 길보다 훨씬 더 멀리 나아가게 된다.

독서를 하고 싶지만 어떻게 해야 할지 모른다면 지금 관심을 가지고 있는 분야의 책을 한두 권 찾아 읽어보자. 작심삼일이 되더라도 실천하고 또 실천하자. 성공하고 싶다면 위험을 감수하더라도 모험을 해야 지금과 다른 인생을 살 수 있다.

책을 읽지 않는 사람을 멀리 하라

책을 한 권밖에 읽은 적이 없는 사람을 경계하라.

– 벤자민 디즈레일리 –

요즘 주위를 둘러보면 책을 읽는 사람이 많지 않다. 스마트 폰이 보급되면서 사람들은 더욱 독서를 하지 않게 되었다. 직장인들은 바쁜 업무, 각종 행사, 육아, 가사일 등 때문에 책 읽을 시간이 없다고 말한다. 하지만 스마트 폰을 보며 보내는 시간은 있다.

학생들 또한 책을 읽는 것이 친근하게 다가오지 않는다. 어릴 때 자신이 좋아하는 책과 친해질 수 있는 기회는 많지만 학교에서 수업을 듣고 학원을 다니느라 바쁘다. 그렇다 보니 자신이 좋아하는 분야의 책을 읽는 것보다 교과서와 문제집을 푸는 것이 더 익숙해지고 습관이 된다.

바쁜 업무와 입시 준비 등 여러 가지 이유로 인해 독서 습관이 제대로 길러지지 않은 것은 정말 안타까운 일이다. 하지만 분명한 사실은 시간이 지날수록 독서를 하는 사람과 그렇지 않은 사람의 사고력은 큰 차이가 날 것이고, 이로 인해 삶의 질까지 달라질 것이다.

책을 읽는 사람들은 책 속에서 자신의 내면의 모습과 자아를 발견하게 된다. 또한 타인에 대한 존중하는 마음과 배려심을 키운다. 반면 책을 읽지 않는 사람은 주변 사람들의 말을 잘 듣지 않고 자기 방식대로 하는 등 이기적인 습관을 가지고 살아간다. 그래서 대체로 책을 읽지 않는 사람들보다 책을 읽는 사람들이 사회생활에 적응도 잘하고 다른 사람과 잘 어울리는 등 사회성 또한 뛰어나다. 독서를 좋아하지 않는 사람은 다른 사람들과 어울리며 자신의 삶을 풍요롭게 만드는 대신 다른 사람들을 배척하고 혼자만의 세계에 갇혀 산다.

내가 과거에 자주 저질렀던 실수는 바로 내 생각을 타인이 인정할 때까지 주입시키려고 했던 것이다. 나는 내가 원하는 대로 진행되지 않으면 화를 내거나 짜증을 냈다. 그리고 내 주위의 사람들은 책보다는 다른 분야들에 관심이 많았다. 언제 소개팅을 할지, 오늘은 누구와 술을 마실지, 주식이 얼마나 올랐는지 등 직장생활을 하면서 아무리 주변을 둘러봐도 책을 읽는 사람은 단 한 명도 없었다.

나는 이 상황에서 자투리 독서를 시작하며 수백 권에 달하는 책을 읽었다. 하지만 독서량이 늘면서 나도 모르게 자만심이 생겼다. 읽은 권수만큼 다른 사람들보다 똑똑해졌다고 생각했다. 그리고 몇 권 읽었다고 무슨 대단한 사람이 된 것처럼 독서를 하지 않는 친구들을 무시하고 자존심을 상하게 했다. 세상의 모든 것을 안다는 듯이 겸손함과는 벽을 쌓고 살았다. 그러다 보니 친구들과 대화를 하거나 어떤 일에 대해 의논을 할 때마다 내 주장만 앞세우며 가르치려고 했다.

"너희가 생각하는 건 맞지 않아.", "고작 그것밖에 생각이 들지 않나?", "좀 더 다르게 생각해 봐.", "내 생각이 옳지 않아?", "독서도 하지 않으면서……."라고 말하며 내 말을 제대로 듣지 않는 사람들을 이해하지 못했다.

나와 생각이 다르면 인정하지 못하는 것 자체가 사람들과의 갈등을 만들었다. 어떤 이야기를 하더라도 언성을 높이며 끊임없이 말다툼을 해야 했고 끝맺음은 항상 서로 감정이 상해서 불편한 상태로 마쳤다.

지금 돌이켜보면 과거에 내가 무슨 생각으로 그렇게 비상식적으로 행동을 했는지 모르겠다. 매번 내가 한 독서를 생각하며 '나는 독서를 많이 했기 때문에 다른 사람보다 알고 있는 지식과 정보가 많아. 내가 말하면 모두가 납득할 거야.'라며 사람들을 한심하게 생각했다.

나만의 성을 쌓아서 주변을 둘러보지 못하는 것과 다를 바가 없었다. 하지만 꾸준한 독서를 통해 내 행동에 대한 반성과 자아성찰을 하게 되면서 스스로가 얼마나 무례하고 교만했는지를 깨닫게 되었다.

책을 읽고 사회생활도 하며 다양한 사람들과 교류하다 보니 과거에 내가 했던 생각들이 얼마나 무지한 것들이었는지 알게 되었다. 그래서 지금은 누구와 이야기를 한다고 해도 내 의견을 상대방에게 강요하지 않는다. 그냥 말하는 것보다 듣는 게 더 습관이 되었다. 누군가와 대화할 때 상대의 의견을 인정해 주고 존중해 주다보니 지금은 언쟁이 일어날 일이 거의 없다.
누구나 한 번쯤 다른 사람들에게 실수를 하고 부끄러웠던 경험이 있을 것이다. 이런 경험을 통해 반성하고 다음에 비슷한 상황이 발생하면 반복된 실수를 하지 않으면 된다. 하지만 안일한 생각을 가지고 있다면 똑같은 실수를 반복하게 된다. 실수를 반복하지 않기 위해 오늘 하루 자기 자신을 되돌아보고 자신의 생각과 행동을 누군가에게 강요하지 않았는지 돌이켜 보는 시간을 가져보자.

아무리 많은 잘못을 하고 실수를 하더라도 자신의 잘못을 스스로 뉘우치고 깨달음을 얻으면 된다. 하지만 자신의 생각이 달라지지 않으면 잘못을 뉘우치기 어렵다. 그래서 다음 단계인 더 나은 미래로 나아가기 위해서는 반드시 책이 필요하다.

 책을 읽는 것은 인생을 더욱 풍요롭게 채울 수 있는 열쇠다. 하루하루 주어지는 여러 가지 사건과 상황들을 통해 자신을 더욱 강하게 성장시켜 준다. 독서는 자신이 가지고 있는 장점을 극대화시켜 자신이 목표한 것을 이룰 수 있도록 도와준다. 또한 단점도 고칠 수 있도록 해준다. 만약 지금 잘못된 방향으로 미래를 계획하고 있다면 독서를 통해서 다시 방향을 잡고 수정해 나가자.

 현재 자신의 모습은 과거에서 비롯되었다. 과거의 생각과 의식, 행동들이 모여 지금의 모습을 이루고 있는 것이다. 지금 자신은 어떤 미래의 모습을 그리고 있는가? 어제와 똑같은 생각과 행동, 방법을 가지고 있는가? 후회하지 않는 미래를 살기 위해서는 자신을 되돌아봐야 한다.

 아직도 많은 사람들이 자신의 생각만 중요하다고 생각하며 이기적으로 산다. 오직 자신의 만족을 위해 다른 사람을 함부로 대한다면 결과는 불 보듯 뻔할 것이다. 또한 지금은 안정적인 생활을 한다고 해도 급격하게 변하는 세상 속에서 자신의 자리를 언제 빼앗길지 몰라 불안할지 모른다. 그 때문에 지금부터라도 독서를 통해 자신의 미래를 위한 투자를 확실히 해야 한다.

독서로
매일 기적을 만든다

책을 읽는다는 것은 자신의 미래를 만드는 것과 같은 뜻이다.
- 랄프 왈도 에머슨 -

　가끔 의도하지 않게 엄청난 행운이 찾아와 자신이 꿈꾸던 삶을 살 때 기적이 일어났다고 말한다. 몇 날 며칠 밤을 새며 안 풀리던 업무들이 다음 날 아침, 한 순간에 해결되는 일을 보며 신기해 하던 일도 있을 것이다. 그리고 1분 1초 사이로 위기를 벗어나 목숨을 구한 순간들도 본다. 나는 자투리 시간을 활용한 독서를 통해 어떻게 매일 기적을 만들어 가는지 이야기해 보겠다.

　보통 처음 겪는 일이나 새로운 분야에 도전할 때 두려워하거나 긴장하게 된다. 아무래도 지금까지 경험해 보지도 않았고 익숙하지 않기 때문에 당연한 일일 것이다. 그런데 나는 유독 다른 사람들 앞에서 발표를 하거나 시험을 보거나 혹은 새로운 일을 시작할 때 긴장을 많이 해 실수를 했다.

　중학교 때에는 발표 시간이 되면 말을 계속 더듬었고 그로인해 친구들로부터 창피를 당했었다. 이런 경험들이 계속해서 쌓이자 새로운 도전을 할 때마다 긴장을 하고 실패했던 경험들이 떠올라 시도하기도 전에 포기하기 일쑤였다. 긴장감과 두려움은 내 앞을 가로막는 하나의 벽과 같은 존재였다. 어느 누가 보더라도 아무것도 아닌 일을 고작 긴장감과 두려움 때문에 포기하는 내 자신을 바라볼 때마다 한심스러웠다. 그러나 나는 긴장감과 두려움 때문에 암울한 미래를 맞고 싶지 않았다. 반드시 극복해 자신감 있게 삶을 살고 싶었다.

　나 자신의 한계를 극복하기 위해서 지금까지의 내 모습과는 정반대로 행동하기 시작했다. 다른 친구들에게 도움을 받는 입장이 아닌 도움을 주는 입장으로, 다른 사람의 말을 듣는 입장이 아닌 말을 하는 입장으로 바꾸기 위해 노력했다. 그 결과 조금씩 나에게도 자신감이 붙기 시작했고 변화라는 기적이 일어나기 시작했다. 그렇게 남들 앞에서 더듬거리며 발표하던 나는 당당하게 반 회장 선거에 나가서 자신 있게 발표를 하고 친구들의 마음을 얻어 당선이 되었다.

　두려움과 긴장된 상황을 극복했던 순간들 속에서 모든 생각과 행동들은 모두 나 자신에게서 비롯된다는 것을 깨달았다. 그래서 나는 면접을 보거나 발표를 하는 등 부정적인 마음이 들거나 긴장되는 순간이 오면 스스로에게 자신감이 생길 수 있도록 주문을 걸기 시작했다.

'나는 할 수 있다. 반드시 성공할 수 있다!'

사소한 것 같지만 주문을 외치고 나면 어느새 자신감이 생겼다. 처음으로 회사에 면접을 보러간 날이었다. 면접을 보는 장소로 이동하는 차 안에서 예상 면접 질문지를 보며 혼자 중얼거리며 조금이라도 긴장감을 떨쳐버리기 위해 안간힘을 썼다.

면접장에 도착해서도 긴장이 되어 대기실 안에서 일어섰다 앉았다를 반복하면서 가만히 있지를 못했다. 어느덧 내 차례가 되었고, 떨리는 마음으로 입장을 했다. 당시 면접관 3명이 면접자 5명에게 질문을 했고 내 차례가 다가올수록 긴장감은 더해졌다.

면접관들이 나에게 질문을 할 때마다 심장은 미친 듯이 떨렸지만, 그동안 몇 백 번씩 한 연습과 스스로 건 주문 덕분에 자신 있게 답변할 수 있었다. 그렇게 무사히 면접을 마치고 후련한 마음으로 면접장을 나왔다. 그리고 몇 시간 뒤 메시지 한 통이 와 있었다. 그 메시지 내용에는 합격 통지가 적혀져 있었고, 보는 순간 그동안 준비했던 내 자신에 대한 뿌듯함이 밀려왔다. 그 후 나는 자신감의 중요성을 다시 한번 깨우치게 되었다.

과거의 두려움을 극복하기 위해 스스로에게 주문을 걸어 자신감을 키웠던 것처럼 나는 다시 한번 책을 통해 더 큰 자신감을 키우기 위해 노력했다. 그래서 나 자신의 믿음의 크기를 키우기 위해 강한 자신감을 갖게 해주는 동기부여 관련 자기계발서를 읽기 시작했다.

자기계발서를 읽을수록 나는 책에서 습득한 내용들을 다른 사람들에게 알려주고 싶은 욕망이 생기기 시작했다. 과거의 나처럼 자존심이 낮아 우울한 하루를 보내는 사람들에게 깨우침을 주어 자기 자신이 얼마나 소중한 존재인지 깨닫게 해주고 싶었다. 다른 사람들을 도와주겠다는 작은 소망은 곧 지금의 내가 책을 쓰고 동기부여가로 나아갈 수 있게 해준 기적의 불씨가 되었다.

처음에 다른 사람들을 노와주는 것을 실천하기 시작한 것은 군대에서였다. 군대에서 신병이 들어오면 면담을 해주기 시작했다. 지금껏 학교생활이나 사회생활만 하다가 들어온 신병들은 군대라는 다른 세계에 낯설고 겁이 난다. 겁이 많았던 나는 처음 군대에 들어갔을 때 혼자 부딪히며 적응해 나갔다.

그 당시 한 명이라도 나에게 "너는 군 생활 잘할 수 있어!"라고 한 마디 건네주었다면 아마 조금 더 빨리 적응할 수 있었을 것이다. 그래서 내가 선임이 되었을 때는 후임들만큼은 조금이라도 빨리 군 생활에 적응하면 좋겠다는 바람이 생겼다. 그래서 처음 오는 신병들에게 사회에서 무슨 일을 하다 왔는지, 앞으로 군 생활을 하면서 무엇을 이루고 싶은지 등 면담을 통해 자신감을 키워나갈 수 있도록 지원과 격려를 했다. 그리고 항상 면담이 끝나기 전에는 자투리 독서의 중요성을 강조했다.

나를 처음 보는 사람들은 현재의 내 모습만 보고 겁 많고 두려움 많던 과거의 내 모습은 절대로 상상하지 못한다. 독서를 통해서 강한 믿음을 키워온 지금은 어떠한 어려운 순간이 다가와도 두렵지 않다. 오히려 고마울 뿐이다. 왜냐하면 '시련은 곧 변형된 축복이다.'라는 말처럼 시련과 역경은 나를 더 성장시켜줄 것이라고 믿기 때문이다.

보통 내 나이에서 생각하는 수준을 뛰어넘어 미래를 생각하고 의식이 깨어난 건 모두 자투리 독서 덕분이다. 군대를 전역하고 나서도 연애하고 싶고 마음껏 밖에서 친구들과 함께 놀고 싶었지만 그 시간들을 자투리 독서로 채우며 내가 원하는 미래를 향해 나아갔다. 지금은 내 모습이 자랑스럽다. 그렇게 나는 매일 기적 같은 일들을 만들어 가고 있다.

독서는 인생을 보는 시각을 달라지게 만든다

훌륭한 책을 읽는 것은 거인들의 어깨 위에 앉아서 세상을 바라보는 것과 같습니다.
그 폭넓은 앎과 비범한 능력을 빌려 세상을 넓게 바라보고 이해할 수 있게 됩니다.
- 장석주 -

어린 시절에 자신이 뛰어놀던 놀이터와 운동장은 무척 넓어 보였지만 어른이 되어 보는 그곳은 그때만큼 넓지 않을 것이다. 그때는 나뭇가지와 모래만 있어도 하루 종일 신나게 지치지 않고 놀았지만 나이를 먹을수록 행복했던 추억들은 잊은 채 바쁜 일상 속에서 살아가게 된다.

다른 사람보다 조금 더 좋은 학교, 회사에 가기 위해 매일같이 전쟁을 한다. 학교에서는 선생님이 알려주는 대로, 집에서는 부모님이 하라는 대로 그저 시키는 대로 묵묵히 살아왔다.

나는 무슨 일이든 선생님과 부모님에게 칭찬을 받을 수만 있다면 어떻게 해서든 해냈고, 그것이 곧 행복이었다. 지금 돌이켜 보면 불행한 사실이지만 좋은 대학과 좋은 직장에 들어가는 것이 꿈이었고, 그 외에는 전혀 관심이 없었다. 오로지 대학과 취업이라는 길이 전부라고 생각했다. 하지만 자투리 독서를 시작하면서 책을 통해 다양한 진로, 직업, 가치를 보게 되었고, 대학 진학과 취업만이 전부가 아니라는 사실을 알게 되었다. 그리고 그동안 나는 우물 안의 개구리였다는 사실을 깨닫게 되었다. 자신이 원하는 새로운 삶을 살기 위해서는 지금까지 갖고 있었던 편견과 고정관념을 깨뜨릴 수 있어야 한다.

세상은 아는 만큼 보이게 마련이다. 시간을 투자해 경험을 쌓고 지식을 겸비해야 한다. 하지만 현실은 자신이 처한 여러 가지 이유와 상황들로 인해서 시간이 턱없이 부족하다. 가끔 만화 속 주인공처럼 나의 분신을 만들어 여러 가지 일을 해보고 싶어질 정도다. 하지만 자신이 진정 변화하기 원한다면 시간 탓, 환경 탓을 할 것이 아니라 자투리 시간을 활용한 독서를 해야 한다. 이 시간을 통해 다른 사람들이 미리 겪어본 경험들을 자신의 것으로 만들 수 있어야 한다.

'생각대로 살지 않으면 사는 대로 살게 된다.'라는 말처럼 자신의 현재 모습은 과거에 했던 생각과 행동에서 비롯된다. 그렇기 때문에 아무 생각 없이 현재를 살아간다면 미래 역시 아무 생각 없이 살아가게 되는 결과를 맞이하게 된다.

대부분의 사람들은 자신의 마음속에 원하는 삶이 있다. 어떤 사람들은 자신이 원하는 삶을 살기 위해 치열하게 살고, 어떤 사람들은 원하는 삶과는 분명 다른 삶을 살고는 있지만 현실이라는 벽에 가로막혀 자신의 꿈을 상상하는 것으로 만족하며 산다. 분명한 것은 현재 자신의 위치는 모두 과거에 자신이 선택해 지금까지 이어진 것이다.

자신이 생각하는 좋은 회사에 취직하기 위해 치열하게 공부하고, 수많은 경쟁자들을 뚫고 입사했다. 그러나 입사 후에는 기쁨을 누릴 틈도 없이 대리, 팀장, 차장, 부장으로 진급하기 위해 다시 경쟁하듯 레이스를 시작한다. 지금 살고 있는 삶이 자신이 진정 원했던 삶인가에 대해 의구심이 들긴 하지만 진급을 하면 할수록 무거워지는 책임감과 현실의 무게로 미래에 대한 특별한 내책 없이 앞으로 나아간다.

자신이 목표대로 주체성을 가지고 하루하루를 채워나갔다면 위의 사례처럼 살지 않을 것이다. 다른 사람들이 최고라고 생각하며 걸어간 길을 그대로 밟게 되면 그 사람은 딱 그만큼만 살게 된다. 그래서 아무 의미 없이 반복되는 직장생활은 자신에게 불필요하다.

나는 안정적인 직장을 다니면서도 매일매일이 불안했다. '언젠간 행복해지겠지.'라는 생각만 가지고 사는 내 모습도 싫었다. 가난한 사고를 가진 사람들과 어울리다 보니 나 역시 세상을 바라

보는 폭이 좁아지고 머릿속에는 부정적인 생각과 가난한 사고가 가득 채워졌다. 이렇게 하루, 한 달, 1년 시간이 흐를수록 아무 소명도 없이 오직 생계와 돈을 벌기 위해 사는 모습이 마치 로봇 같았다. 이렇게 살다가는 스트레스가 쌓여서 병이 든 암울한 미래의 모습밖에 그려지지 않았다.

나는 독서로 머릿속에 채워진 부정적인 생각, 가난한 사고를 성공자의 사고로 바꾸기 시작했다. 또한 성공한 사람들 대부분이 독서를 통해 자신의 기본 소양을 넓히고, 사업을 자신의 소망과 연결해 다른 사람들의 인생을 풍요롭게 만들었다는 사실을 알게 되었다. 소명을 따르는 인생을 살기 시작하자 시간이 흐를수록 돈 문제는 저절로 해결이 되었고, 자연스럽게 부와 명예, 성공을 거머쥘 수 있게 되었다. 그들은 주변에서 아무리 부정적인 말을 쏟아내도 자신만의 길을 꿋꿋이 걸어 나갔다.

성공에 관련된 책을 읽음으로써 성공자의 스토리를 자주 접하자 의식이 확장되고 평범한 사람들이 생각하는 것과 다른 관점에서 생각하게 되었다. 그리고 시간이 지날수록 과거와 다르게 변하는 모습을 발견했다. 이처럼 성공적인 미래를 만들기 위해서는 책을 통해 다른 사람들이 실패한 사례와 성공한 사례를 미리 배우고 깨우쳐서 자신의 관점과 시야를 넓혀 멋진 미래를 준비해야 한다. 그래서 남들처럼 불안하고 걱정되는 미래를 살아가는 것이 아닌 미래를 위해 철저히 준비함으로써 원하는 인생을 만들어야 한다. 그렇다면 성공적인 미래를 꿈꾸는 사람과 암울한 미래를 상상하는 사람의 차이는 무엇일까? 그것은 주변에 성공한 사람들이 아닌 자신의 수준과 비슷하거나 더 낮은 사람들이 많기 때문이다.

성공한 사람을 찾을 수 없다면 책을 통해서 만나자. 단 몇 만 원을 투자해 성공한 사람을 만나고 그들이 성공할 수 있었던 원리를 눈으로 읽고 깨우쳐서 자신에게 적용해 보자. 우리 모두는 이 세상에서 조금 더 많은 것들을 경험하고 체험하기 위해 태어났다는 사실을 잊으면 안 된다.

남들과 똑같이 가난하게 살기 위해서 온 것이 아니다. 지금 자신이 처해 있는 상황이 힘들고 가난할 수도 있다. 하지만 좁은 시야를 가지고서는 더 멀리 항해를 할 수 없다. 자신의 상황을 인정하고 지금 누리는 것들을 뒤돌아보며 감사하자.

작은 것에 감사하면 결국 큰 것을 얻게 된다. 자투리 시간에 읽는 책을 통해 제삼자의 시야로 자신을 객관적으로 바라보며 생각과 시야를 넓혀서 조금씩 발전해 나가면 된다. 자신에게 "나는 매일 조금씩 나아가지고 있다!"라고 외쳐보자.

자투리 시간에 책 읽는 습관 만들기

왜 하필
자투리 시간인가?

먼저 유익하고 좋은 책을 읽어라.
그렇지 않으면 나중에 그 책을 읽을 시간이 없을지도 모르기 때문이다.
- 헨리 소로 -

'자투리'라는 단어의 정확한 뜻을 알고 있는 사람이 얼마나 될까? 많은 사람들이 자투리라는 단어를 많이 사용하지만 정확한 뜻을 모르고 사용하는 경우가 많다.

나 역시 자투리하면 그냥 남는 조각들이라는 의미 정도로만 사용했었고, 정확한 뜻까지 알지는 못했다. 그래서 '자투리'라는 단어의 정확한 의미를 알기 위해 사전을 찾아보게 되었고, 보통 옷이나 천을 팔거나 쓰다가 남은 조각을 의미한다는 것을 알게 되었다.

옷이나 천의 자투리 재료들은 대부분 버려진다. 하지만 시간의 경우라면 말이 달라진다. 시간이란 인생이다. 그래서 시간에 있어서 자투리란 남은 천과 같은 의미가 아니다. 자투리 시간은 소중하다. 시간은 누구에게나 공평하다. 자신이 하루에 인식하지 못하고 버려지는 시간들이 있다. 이 시간들이 바로 자투리 시간이다. 쓰다가 남은 천 조각 같은 경우엔 바로 버릴 수 있지만 자투리 시간은 절대 버려서는 안 된다. 시간이 곧 인생인 만큼 어느 누구에게나 공평하게 주어지는 24시간 속에서 자투리 시간을 얼마나 잘 활용하느냐, 아무 의미 없이 흘려보내느냐에 따라 인생이 차원이 다르게 바뀔 수 있기 때문이다.

자투리 시간을 잘만 활용한다면 책을 읽을 수 있는 시간 또한 몇 배로 늘릴 수 있다. 하지만 많은 사람들이 시간의 중요성을 알고도 아무 생각 없이 시간을 허투루 보낸다. 조금이라도 젊은 나이에 많은 것을 경험하고 즐겨야 된다는 생각 때문에 자신에게 자기합리화하며 시간을 물 쓰듯이 사용한다.

직장 동료나 친구들과 밤새 어울려서 술을 마시거나 노래방을 가고 PC방에서 게임을 하는 등 의미 없는 시간들을 보낸다. 물론 술을 마시거나 친구들과 어울려서 즐기는 것들이 자신에게 스트레스를 해소시키는 수단이라고 주장할지도 모른다.

또 다른 누군가는 업무가 많아서 바쁘고 책 읽을 여유가 없다고 이야기한다. 하지만 버스나 지하철에서 습관적으로 잠을 자거나 휴대전화를 들여다보고 점심식사를 한 후 동료나 친구들과 어울려 커피를 마시며 이야기하는 시간들은 항상 넘쳐나곤 한다.

피곤하니깐 짬을 내서라도 자야 될 수도 있고 친목을 위해 동료와 이야기하는 시간을 가져야 될 수도 있으며 하루의 고된 일과를 끝냈으니 텔레비전을 보면서 휴식을 취할 수도 있을 것이다. 하지만 지금의 자신보다 발전한 미래를 만들기 위해서는 과감한 결단이 필요하다.

이제는 과거에 아무 생각 없이 흘려보내는 자투리 시간들을 모두 파악해서 그 시간에 보다 효율적이고 생산적으로 활용할 수 있는 시간들을 보내야 한다. 예를 들어 남는 시간들을 오로지 독서하는 시간으로 만든다면 과거의 모습보다 더 크게 성장하는 자신을 만들 수 있다.

그 다음 자신의 자투리 시간들을 제대로 활용할 수 있도록 어떻게 하면 남는 시간들을 효율적인 시간으로 바꿀 수 있을지를 고민할 차례다. 처음에는 자신에게 남는 자투리 시간을 파악하더라도 지금까지 해본 경험이 없고 익숙하지 않기 때문에 무엇을 하며 어떻게 보내야 할지 막막할 것이다.

처음부터 욕심을 갖지 말고 평소대로 지내면서 숨은그림찾기를 하듯이 재미있게 자신이 무의미하게 보내는 시간들을 파악하고 찾아보자. 그렇게 조금씩 찾아 나가면서 활용할 수 있는 시간들을 메모해 놓자.

오늘부터라도 자투리 시간을 효과적으로 사용하고 싶다면 아침에 기상해서 잠들 때까지 자신의 하루 일과를 시간 단위로 수첩에 적어보자. 단 하루라도 자신의 일과를 시간과 함께 기록해본다면 그동안 낭비되고 있었던 자투리 시간이 얼마나 많았는지 확인할 수 있을 것이다. 아무 의미 없이 소비되는 5분, 10분이라는 시간들을 독서를 할 수 있는 시간으로 만든다면 하루에 최소 30분에서 1시간 이상은 나만의 독서 시간으로 확보할 수 있다.

나는 직장생활을 하면서 바쁜 업무와 일정으로 독서를 할 수 있는 시간이 줄어들자 책을 읽는 시간이 얼마나 소중한지 깨닫게 되었다. 그러던 어느 날, 업무를 하던 중 직장 선배가 지시한 일을 하다가 크게 혼이 난 적이 있다. 업무를 천천히 했다는 이유에서였다.

나는 꼼꼼한 성격 덕분에 하나를 하더라도 세세하게 하기 때문에 정확하지만 그만큼 느릴 수밖에 없었다. 그러나 주어진 업무량이 많았기 때문에 이러한 속도로는 제한된 업무 시간 안에 모든 일을 끝내기란 쉽지 않았다. 선배는 이러한 나의 스타일을 알고는 역량을 높여주기 위해서 혼을 냈던 것이다.

나는 이 사건 후에 '반드시 역량을 키워서 업무 효율을 높이겠다.', '누가 보다라도 빠르고 정확하게 일처리를 하는 사람처럼 발전하겠다.'라며 결심했다. 업무 효율을 높이기 위해 자투리 시간에는 앞으로 무엇을 해야 할지 고민하기 시작했다.

만약 그때 직장 선배의 충고가 없었다면 나는 업무에 대한 우선순위는 고려하지 않은 채 시간만 낭비했을 것이다. 나는 그 뒤 시간들을 허무하게 보내지 않기 위해 시간을 나 자신을 위해 쓰기 시작했다. 그리고 생각들을 실천으로 옮기기 위해 도서관을 집처럼 찾기 시작했다. 하지만 직장이라는 곳이 팀 단위로 하는 단체생활이기 때문에 내 마음대로 시간을 자유롭게 사용할 수 없었다.

직장이라는 제한된 장소에서 내 시간을 마음대로 조절할 수 없었기 때문에 경험을 쌓기에는 어려웠다. 하지만 환경에 좌절하지 않고 남는 시간을 활용해 독서를 꾸준히 했다. 그렇게 쌓인 책들이 내 허리쯤 왔을 때 나는 전보다 의식이 커졌다는 것을 느끼게 되었고, 주위를 돌아보기 시작했다.

대부분의 사람들은 시간이 많다고 해서 자신을 위해 투자하거나 더 많은 것을 경험하기 위해 노력하지 않는다. 누구나 언젠가 죽음을 맞이하기 때문에 인생은 유한하다. 그러나 현실에 쫓기듯 살면서 시간의 소중함을 잊고 살 때가 많다. 지금 당신에게 주어진 자투리 시간들을 어디에 쓰고 있는가?

나는 사람들에게 많은 시간을 자신에게 투자하라고 강요하지 않는다. 단지 남는 1분, 5분이라도 자신을 위해 온전히 몰입하기를 간절히 바랄 뿐이다.

버려지는 자투리 시간을 찾아라

나는 뜻밖에 얻어지는 1분의 시간을 헛되이 보내지 않도록,
언제나 작은 책을 주머니에 넣고 다니는 것을 잊지 않는다.
– 윌리엄 글래드스턴 –

나도 과거에 시간을 물 쓰듯이 낭비했다. 평일이나 주말에는 항상 친구들과 술을 마시거나 PC방에서 게임을 하거나 여자친구와 데이트하기 바빴다. 속으로 '나는 아직 젊으니까 괜찮아.', '밤늦게까지 친구들과 술 좀 마시면 어때? 이게 다 경험인데 뭘……' 이라는 생각으로 자기합리화하기 바빴다. 하지만 나에게도 시간의 소중함을 깨닫게 해주는 사건들이 있었다. 나는 스무 살 때부터 직장생활을 시작한 터라 보통 열 살 차이가 나는 사람들과 함께 업무를 했다.

처음 회사에 들어갔을 때는 무슨 업무를 하는지도 모르고 나이도 어리기 때문에 회사에서 많은 배려를 해주었다. 그렇지만 회사 입장에서 언제까지 신입 사원이라고 배려만 해줄 수는 없는 일이었다.

　나 역시 시간이 지날수록 업무량이 많아지고 책임감이 늘어나면서 쉬는 날에도 쉬지 못했다. 이런 시간이 많아지자 회사생활이 힘들어지기 시작했다. 더군다나 내가 근무했던 분야가 영업 분야라서 성과와 실적이 중요했기 때문에 사무실보다는 현장에서 많은 시간을 보냈다.

　현장에서 업무를 하다 보니 다른 선배들에게 지지 않기 위해 일부러 2~3배가량 업무량을 소화했다. 영업 일정이 많은 날에는 아침 일찍 출근을 해서 보통 밤 10~11시까지 근무를 하고 자정이 넘어서 퇴근을 했다. 이런 생활이 몇 달간 지속되다 보니 어느새 몸과 마음이 지쳤다. 잠이 부족해지니 집중력과 의욕이 떨어졌다.

　그러던 어느 날 평소처럼 운전을 하면서 거래처를 가던 도중 옆 차가 들어오는 것을 못 보고 교통사고가 날 뻔한 일이 생겼다. 깜짝 놀라서 비상등을 켜고 잠시 차를 세운 채 생각했다.

　만약 그 순간 교통사고로 인해 크게 다쳤으면 한 순간의 실수로 나의 꿈과 가족 등 소중한 모든 것을 잃을 수도 있었다는 생각이 들었다. 나는 크게 다칠 뻔한 이 일을 계기로 내게 주어진 시간들을 정말 의미 있게 살아야겠다고 다짐했다. 그래서 그날 이후 출퇴근 시간이나 시간이 조금이라도 날 때면 시간을 무의미하게 보내지 않기 위해 책을 읽었다.

버려지는 자투리 시간을 찾는 습관은 직장생활을 하는 데 있어서 많은 도움을 주었다. 나는 직장생활을 적응하는 기간 동안 우연히 도서관 서재에 꽂혀 있는 책 하나를 발견하게 되었다. 《아프니까 청춘이다》를 쓴 김난도 작가의 《천 번은 흔들려야 어른이 된다》라는 책이었다.

이 책은 그가 각자 힘든 상황 속에 있는 사람들을 위로해 주는 내용으로 힘든 군 생활을 적응하는 데 있어 나에게 많은 도움이 되었다. 또한 독서를 통해 나를 변화시켜서 하루를 후회 없이 보내야 한다는 생각의 전환을 일으키게 해주었다. 생각을 전환하게 되자 마음도 편안해지고 부정적인 생각보다 긍정적인 생각의 폭이 커지기 시작했다. 긍정적인 생각을 하니 행동도 적극적이고 능동적으로 변하기 시작했다.

우연히 읽게 된 책 한 권은 또다시 다른 책을 읽고 싶다는 생각이 들게 했다. 하지만 읽고 싶은 대로 독서를 하기에는 직장 선배와 상사들의 눈치를 보거나 업무를 하기에도 바빴다. 퇴근해서 집에 오더라도 업무 메시지가 휴대전화로 오는 바람에 책을 읽다가도 흐름이 계속 끊겼다.

우선 나는 시간 관리에 관한 책부터 섭렵하기 시작했다. 저자 웨이슈잉의 《하버드 새벽 4시 반》이라는 책을 보면 이렇게 나와 있다.

"하버드 교수 제임스 앨런(James Allen)은 자신의 저서 《생각하는 사람》에서 우리가 일상 속 시간의 90%를 아무것도 하지 않고 보낸다고 한다. 실제로 많은 사람들은 하루 동안 밥 먹고 출근하고 잠자는 것과 같은 아주 사소한 일을 한다. 각기 다른 장소에서 의미도 가치도 없는 일을 하고 있다는 것인데, 겉으로는 쉼 없이 무언가를 하는 듯 보이지만 실제로 그들이 세운 목표에 부합하는 것은 하나도 없다. 바꿔 말하면 이런 일들이 존재의 가치를 실현하는 데 도움이 되지 않는다는 것이다. 안타까운 점은 많은 사람들이 세상을 떠날 때까지 그런 식으로 하루하루를 보낸다는 사실이다. 실제로 다수의 사람들이 은퇴를 코앞에 두고서야 자신이 평생 동안 의미 있는 일을 한 적이 없다는 사실을 깨닫는다. 하지만 그때는 이미 인생은 거의 다 낭비한 후다. 결국 그들은 침대에 누워 아쉬움과 후회 속에서 매일을 보내고, 그렇게 조금씩 세상을 떠날 준비를 한다."

나는 지금까지 책 읽을 시간이 충분했음에도 시간이 없다고 핑계를 대고 있었다는 사실을 발견하게 되었다. 곧 나도 모르게 낭비하고 있는 시간을 찾아 계획적으로 독서를 하기로 마음먹었다.

첫째, 하루의 일정을 보면서 내가 사용할 수 있는 시간을 파악하기.

둘째, 내가 사용할 수 있는 시간에 할 수 있는 일들을 계획하기.

셋째, 막연한 계획이 아닌 실제로 행동으로 옮길 수 있는 현실적인 계획 세우기.

앞에서 말한 세 가지 기준으로 자신을 돌아보면 얼마나 시간을 낭비하고 있는지 사용할 수 있는 시간은 얼마나 있는지 파악할 수 있다. 그동안 낭비된 시간들을 체크하면서 왜 낭비를 하게 되었는지를 다시 한번 생각하고, 그 시간에 무엇을 할 수 있는지부터 나열했다.

예를 들어, 분 단위로 시간을 계산해서 현재 5분이라는 시간이 주어진다면 책 몇 쪽을 읽거나, 손톱 정리, 화장실 다녀오기 등을 할 수 있다. 또한 10분이라는 시간 동안에는 메시지를 보내거나 편지를 쓰거나, 전화 통화하기 등 계획을 세울 수 있다.

처음부터 계획을 세우고 행동까지 이어지는 것은 쉽지 않을 것이다. 어린 시절 숨바꼭질을 재미있게 했듯이 숨어 있는 시간을 찾아 그 속에서 자신의 일을 계획하며 채운다는 생각으로 쉽게 접근해 보자.

나만의
독서 목표를 정하라

목표가 있는 사람들은 성공합니다.
왜냐하면 그들은 어디로 가야 할지 알기 때문입니다. 단지 그 이유뿐입니다.
- 얼 나이팅게일 -

　어느 날 나는 친구들과 주말에 즉흥적으로 여행을 가기로 약속했다. 다들 평일에는 직장을 다니거나 학교를 다니기 때문에 주말에 있을 여행을 상상하면서 평일을 버텼다. 한 친구는 어디를 갈지 고민하고, 또 다른 친구는 여행지에 가서 무엇을 하며 놀지 생각했다. 나 또한 직장을 다니기 때문에 친구들이 알아서 정해서 오겠지 하며 깊게 신경을 쓰지 못했다.

　한 주를 보내고 주말에 친구들과 약속 장소에서 만나게 되었다. 그러나 기쁨도 잠시, 각자 생각했던 계획이 다 달라서 누구는 부산, 누구는 강화도로 가는 것이라고 주장하며 의견을 조율하는 시간만 2~3시간이 걸렸다. 마침내 강화도를 가기로 정하게 되었다. 처음부터 제대로 장소를 정해서 계획을 세웠더라면 서로 시간을 아끼고 감정싸움으로까지 이어지지 않았을 것이다.

여행을 한 번 가는 데도 각자의 생각과 일정, 계획이 다르다. 다른 사람들이 차를 타고 여행을 가는 것이 좋다고 해서 나에게도 그 방법이 맞는 것일까? 다른 사람에게 맞는 방식이 나에게도 맞을 수 없다. 하물며 밥을 먹을 때도 젓가락 사용법이 정해져 있지만 모든 사람이 사용법을 그대로 지키지는 않는다.

우선 시간을 아끼는 방법으로 많은 사람들에게 효과를 인정받은 방법을 자신에게 적용시켜 보는 것도 현명한 방법일 것이다. 하지만 자신에게 맞지 않는 방법을 가지고 스트레스를 받고 있다면 자신에게 맞는 방법이 아닐 것이다.

예전에 친구들과 함께 학교에서 과제 프로젝트를 진행한 적이 있었다. 각자 자신이 맡고 있는 역할과 임무들을 완수했는데 한 친구는 밤을 세면서까지 단기간에 몰입해서 완수했다. 그와 달리 다른 친구들은 매일 조금씩 자신이 맡은 과제를 해 나갔다.

팀원들 모두 각자 자신만의 스타일대로 속도를 조절하면서 각자 맡은 프로젝트를 완수했다. 여기서 중요한 것은 단기간에 완성한 친구나 매일 조금씩이라도 하며 임무를 완수한 친구 모두 서로를 보며 자극을 받았다.

사람들은 자신에게만 있는 신체리듬이 있다. 나는 적어도 5~6

시간의 잠을 자야 다음 날 정상적으로 업무를 할 수 있다. 하지만 다른 누군가는 몇날 며칠 밤을 새더라도 페이스를 잃지 않고 집중력을 유지한다. 그렇기 때문에 한 가지 방식과 방법만 가지고 모든 사람에게 적용시킬 수 없을 것이다. 지금까지 여러 경험과 시행착오를 겪으면서 자신이 어떤 성향인지 파악했을 것이다. 단기간에 성과를 내는 유형인지, 아니면 천천히 조금씩 최소한의 단위로 성과를 내는 유형인지 말이다.

제대로 된 계획과 목표는 중요하다. 하지만 그 계획과 목표가 자신에게 맞는지 확인하는 것도 중요하다. 나는 처음 독서를 시작할 때 많은 시행착오를 겪었다. 처음 읽을 때는 한 글자 한 문장 빠짐없이 정독을 하며, 기억이 안 나면 다시 읽었던 부분을 되새김질하고 다시 읽었다. 그리고 하루에 몇 페이지를 읽겠다는 구체적인 목표가 없이 독서를 했다. 이러다 보니 졸기를 반복했고 비효율적인 독서를 하게 된 셈이었다.

2015년 5월 11일, 대구일보에서 홍해공고 졸업생인 이상기라는 학생이 자신만의 목표를 세워 삼성전자 공채에 최종 합격했다는 기사를 보게 되었다.

그는 '1만 시간의 법칙'을 항상 생각하며 쉬고 싶은 때마다 허비할 시간이 없다고 자신을 채찍질하며 실력을 키워나갔다. 시간이 흐를수록 기능 실력이 늘면서 전기 제어의 매력에 더욱 빠져

들게 되었고, 선생님과 선배들의 가르침에 빠르게 성장했다. '내가 잘하고 있는 것인가?'라는 생각과 미래에 대한 막연한 불안감에 좌절할 때도 있었다고 한다. 그러나 초등학교 동창인 말해 준 "초심을 잃지 마라."라는 조언과 지도 선생님께서 채찍질 해주신 덕분에 방향을 바로 잡을 수 있었다고 말했다. 그리하여 다시 한번 1만 시간의 법칙을 따라 정주행해 2014년 지방기능대회 때 당당하게 금메달을 차지했다. 그 기세를 몰아 삼성전자 공채에 합격했다.

나는 이 기사를 보며 어느 길을 가든지 자신이 처음 설정한 목표를 흔들림 없이 밀고 나가는 것이 중요하다고 생각했다. 기능 자격 시험도 자신이 얼마나 노력하는지에 달린 것이고, 이 노력과 함께 성적도 더 높일 수 있다는 것을 깨닫게 되었다.

자신만의 '1만 시간의 법칙'으로 엄청난 성과를 낸 이상기 학생처럼 나는 나만의 독서 목표를 설정했다. 그리고 여러 가지 시행착오를 겪으면서 마침내 나만의 자투리 시간을 활용한 목표를 설정하고 체계화했다. 스스로 매일 실천할 수 있는 계획이야 말로 자신에게 맞는 습관이자 독서 계획이 된다는 것을 깨닫게 되었다.

나만의 자투리 독서 목표 설정은 어떻게 하는 것일까? 처음 1년 동안의 독서량에 대한 목표를 세우고 그 해에 중점적으로 읽고 싶은 주제를 정하는 것이 좋다.

경영학 대가인 피터 드러커의 경우 1~3년 주기로 관심 분야를 설정하고 해당 분야의 책을 중점적으로 읽는 것으로 유명하다. 올해에 읽고 싶은 분야를 정하는 것은 도서를 선택하고 구입할 때 매우 중요한 역할을 하게 되고 더욱 체계적인 독서를 할 수 있도록 돕는다. 실용 도서도 마찬가지로 세분화된 분야가 많기 때문에 한 해에 읽을 주제를 정하는 것이 좋다.

독서량에 대한 목표뿐만 아니라 선택한 책에서 깨닫고 싶은 것이 무엇인지 등에 대한 목표도 세워야 한다. 전체적인 목적만 있고 실제로 책에서 얻고자 하는 목표를 부여하지 않는다면 독서의 효과가 반감될 것이다.

책에서 얻고자 하는 바를 명확히 하고 읽기 시작하면 목표 없이 책을 읽는 것에 비해서 훨씬 더 많은 것을 얻게 된다. 이런 목표는 일종의 정신적인 암시로 작용할 가능성이 높다. 마지막으로 독서량에 대한 목표와 함께 읽을 책 한 권 한 권에 대한 목표를 설정하고 독서를 시작하라.

꾸준히 책을 읽기 위해서는 마음먹는 것에 그치지 않고 구체성이 있어야 한다. 헬스장을 끊는 것처럼 독서 또한 다짐만으로는 부족하다. "헬스장에 일주일에 세 번은 꼭 가서 운동한다. 아침에는 회사 출근하느라 바쁘니까 퇴근 후 집에 오는 길에 들려 1시간씩 운동한다."처럼 독서를 할 때도 구체적인 목표와 시간을 정해야 한다.

독서를 어떻게 해야 할지 모른다면 바로 대답을 찾으려고 초조해 할 필요는 없다. 친구들과 여행 계획을 세울 때 가야 할 행선지부터 결정하는 것처럼 자신의 수준에 맞는 목표를 세워서 차분히 자투리 독서를 시작하면 된다. 다른 사람의 독서 목표를 따라하는 것이 아닌 자신만의 목표를 세우고 실천해 보자.

당장 손이 가는 책부터 읽어라

책은 성당의 황금 그릇이요,
언제까지나 손에 들고 있어야 할 타오르는 등불이다.
- 리처드 베리 -

"손이 가요, 손이 가."

대한민국 국민이라면 누구나 즐겨먹던 새우 맛 과자 CF송이 바로 떠오를 것이다. 익숙한 이 과자를 외국에서 본다면 더 반가울 것이다. 나는 자투리 독서를 즐기게 되면서 '어떻게 하면 책을 읽지 않는 사람들이 새우 맛 과자처럼 책에도 쉽게 손이 갈 수 있을까?'라며 고민하기 시작했다.

독서를 쉽게 하지 못하는 이유는 다양할 것이다. 무조건 싫어하는 사람도 있을 것이고 독서보다 더 관심 있는 일이 있을 수도 있다. 요즘 대중교통을 이용하다 보면 저마다 스마트 폰을 손에 들고 놓지를 못한다. 가벼운 제품 안에 인터넷이 연결되어 있어 여러 가지 정보를 손쉽게 접할 수 있는 재미가 있기 때문이다. 이와 마찬가지로 책에 흥미를 느끼고 가까워지고 싶다면 스마트폰처럼 책을 손에 들고 다녀야 한다. 이제부터라도 책을 들고 다녀보자. 하지만 책을 들고 다닌다고 해서 반드시 읽으리라는 보장은 없다. 그러나 손에 늘 들고 있다 보면 읽을 확률은 더 커질 것이다. 나 역시 출퇴근 시간과 같이 이동하는 시간에 번거롭더라도 책을 들고 다니며 책을 읽으려고 노력한다.

책을 읽지 않는 사람들은 읽기도 전부터 겁을 먹는다. 책을 읽을 때 제대로 읽어야 하고 많이 읽어야 한다는 생각 때문이다. 하지만 이러한 생각은 독서를 방해하는 요인만 된다. 영화를 관람하거나 연극을 보는 것처럼 독서 또한 하나의 문화이며 즐기기 위한 것이라고 생각하면 편안해진다. 독서를 하기 전에 가장 중요한 것은 책에 대한 편견과 고정관념을 내려놓고 있는 그대로를 즐기려는 마음가짐이다.

내가 처음 독서를 할 때는 읽고 있었던 책이 있음에도 불구하고 다른 흥미 있는 책을 발견하게 되면 읽고 있었던 책은 도중에 접어두고 다른 책으로 전환하며 읽었다. 하지만 이런 식으로 읽게 되면 한 권의 책을 제대로 읽지도 못할 뿐만 아니라 자신에게 제대로 적용할 수 없게 되어 실천도 하지 못한다. 결국 독서에 흥미가 떨어져서 쉽게 포기하게 된다. 그래서 나처럼 많은 양의 독서를 하려고 하는 사람들에게는 한 권을 읽더라도 제대로 의미를 깊게 생각하면서 읽어야 한다고 강조한다. 스스로 깨달아야 생각이 바뀌고 행동으로도 옮겨지기 때문이다.

또한 한꺼번에 많은 양의 책을 구입하는 것도 자제해야 한다. 이는 배가 고픈 상태에서 많은 음식을 주문하는 것과 같기 때문이다. 배가 고팠기 때문에 주문한 음식들을 다 먹을 것 같지만 결국 배가 차게 되어 주문한 음식을 모조리 남기게 된다. 자신이 먹을 만큼만 주문해서 먹어야 더욱 맛있는 것처럼 책 또한 자신의 수준에 맞는 책들과 적당량을 구입해서 읽어야 제대로 독서를 즐길 수 있다.

왜 영화를 볼 때 자신이 좋아하는 장르는 쉽게 고르면서 책은 꼭 다른 사람들이 추천히거나 베스트셀러만 고를까? 책 또한 음악이나 영화처럼 즐길 수 있어야 한다. 자신에게 맞는 책도 좋아하는 음악을 듣거나 음식을 먹는 것처럼 즐겨야 하는 것이다.

나는 중학교 때 농구에 빠져 있던 시기가 있었다. 그 당시에는 외국 프로 농구 선수들의 이름을 알고 있는 것은 기본이고 경기 동영상도 자주 보았다. 학업에 필요한 교재는 구입하지 않았지만 농구에 관련한 책이나 잡지는 누가 권하지 않아도 스스로 구입해서 읽었다. 하지만 고등학교에 진학하면서 공부에 신경을 쓰게 되자 자연스럽게 농구에 대한 관심도 사라졌다.

농구에 관심을 가지고 미친 듯이 몰입했던 것처럼 현재 자신이 관심 있는 분야의 책을 읽는 것부터 시작하는 게 중요하다. 왜냐하면 자신이 관심을 가지고 좋아하는 분야의 책을 읽다 보면 평소에 아는 내용들이 많기 때문에 쉽게 이해할 수 있고 진도 또한 빠르게 나갈 수 있다.

꾸준히 자신이 좋아하는 분야의 책을 반복해서 읽다 보면 새로운 분야에도 관심이 생기게 되고 부담 없이 책도 읽을 수 있게 된다. 나중에는 자신도 모르게 독서 습관이 잡히게 된다. 오늘부터라도 지금까지 말한 방법들을 적극적으로 적용하고 실천하면서 자신이 관심 있는 분야의 책들을 찾아보고 한 권씩 읽어 보자. 독서의 진정한 재미를 느낄 수 있을 것이다.

무엇이든 그렇듯이 독서도 하면 할수록 자신만의 내공과 기술이 생기게 된다. 책과 가까워지면 가까워질수록 문장을 이해하는 능력이 향상되고, 내용의 핵심을 짚어내고 파악하는 속도도 빨라진다. 처음에는 자신이 관심 있는 분야로 쉽게 접근해 보자.

소설보다는 자기계발서를 선택하거나 두꺼운 책보다는 얇은 책들을 선택하자. 예를 들어 인문학이나 역사, 철학 분야의 책을 읽고 싶다면 어느 정도 독서에 대한 자신감과 내공이 쌓인 후에 읽어야지 부담감을 줄일 수 있다. 그래서 독서도 꾸준한 훈련이 필요한 것이다.

고기도 먹어 본 사람이 맛을 안다. 독서 역시 마찬가지다. 꾸준히 계속 가까이 접하다 보면 책의 가치와 힘을 알 수 있게 된다. 나 역시 직접 책을 읽기 전까지는 책값이 비싸다고 생각할 정도였다. 하지만 책을 쓰는 저자의 입장이 되어보니 한 권의 책에 얼마나 많은 노력과 땀이 들어가며 탄생하는 것인지 알게 되어 책은 돈으로 가치를 매길 수 없다는 것을 깨닫게 되었다.

책은 한 사람의 경험과 신념, 생각, 스토리, 다양한 사례들의 집합체다. 한 권의 책은 독자의 기억 속에 남게 되며 잠재의식 속에서 중요한 메시지로 남는다.

책은 독자들 인생의 많은 면을 바꾸고 의식을 확장시킨다. 책은 사람뿐만 아니라 세상을 생산적인 방향으로 이끈다. 책을 읽기 전보다 조금이나마 발전한다면 이는 가치를 매길 수 없을 것이다.

독서를
우선순위에 둬라

독서란 사람이 밥을 먹고 운동을 하는 것과 똑같은 것이라 할 수 있다.
- 헨리 밀러 -

오늘날 현대 사회는 지식 산업 사회이기 때문에 지식과 정보가 차고 넘친다. 하지만 과도한 정보가 선택을 어렵게 하고 피곤하게 만들기도 한다. 선택의 폭이 다양해질수록 오히려 선택장애가 생기는 것이다.

책을 접할 때를 떠올려 보자. 서점을 둘러보며 마음에 드는 책을 골라 구입한다. 그리고 가벼운 마음으로 집에 도착해서 구입한 책을 몇 번 펼쳐 보고는 책장에 고이 모셔둔다. 이런 책들이 책장 가득이다. 이런 상황을 작심삼일로 반복하다 보니 나중에는 책 읽기를 포기하게 되고 '나는 책을 잘 못 읽어.'라며 스스로를 낮추게 된다.

나도 처음 독서를 시작할 때 두려움이 많았다. 평소에 책을 접하지도 않았을 뿐더러 책을 읽고 '과연 도움이 될까?'라는 생각들을 했었다. '독서 외에도 할 수 있는 것들이 많은데 굳이 독서를 해야 하나?'라는 생각이 나의 발전을 막았다. 하지만 남는 시간들을 아무 의미 없이 그냥 보내기는 아까웠고 나중에 후회할 것만 같았다. 그래서 억지로라도 책을 읽기 위해 노력했다. 하지만 어릴 때부터 선생님이나 부모님이 선택해 주는 삶을 살다가 주체적으로 독서하기란 쉽지 않았다. 다른 사람이 선택해 주는 방향을 따라가는 것이 나도 모르게 습관이 된 것이었다. 그러면서 독서도 읽다 말다를 반복했다. 스스로 주도적인 삶을 살아본 적이 없기 때문에 실패를 반복했다.

군대에서 훈련 기간이면 독서는 더욱 힘들었다. 육체적으로 힘든 상황에서 독서란 쉬운 일이 아니었기 때문이다. 힘들다는 핑계로 독서를 포기하고 쉬는 일이 부지기수였다. 독서를 우선순위에 두지 않았기 때문에 동기들이 "축구하러 가자!", "TV 보자!"라고 부르면 독서를 그만두고 휩쓸려 버리기 일쑤였다. 하루하루를 우선순위 없이 지내다 보니 독서보다는 쉽고 재미있는 일만 하게 되었다. 나중에는 취침 시간이 되어서야 속으로 '아, 오늘도 독서를 못했네. 내일은 독서해야지.'라고 후회와 반성만 남았다.

시간이 지날수록 언제까지 이런 식으로 실패하는 독서를 반복할 수 없다는 생각이 들었다. 제대로 독서를 하지 않으면 무의미한 시간만 흘러갈 것 같았다. 그래서 하루 일과를 시작하기 전에 책을 몇 쪽 읽을 것인지 정하고 업무에 관련된 것을 제외하고는 오로지 독서에만 우선순위를 두었다. 그리고 어떻게 해서라도 독서량을 지키려고 했다.

하루하루 내가 정한 목표량을 꾸준히 지키면서 독서를 했다. 그렇게 한 달 정도 지나자 무슨 일을 하든지 독서를 우선순위에 두는 습관을 갖게 되었고, 동기들이 무엇을 하자고 유혹할 때도 흔들림 없이 거절할 수 있는 경지에 오르게 되었다. 그래도 가끔씩 나도 모르게 유혹이 생길 때면 더욱 치열하게 책 읽기에 시간을 투자했다. 이렇게 읽은 책들이 전역 날에는 100여 권이 넘었다.

입대 후 생긴 독서 습관은 현재 회사를 다니면서 책을 읽을 수 있는 원동력이 되었다. 제대 후 다시 직장으로 복직했을 때 기존과 다른 새로운 직무를 부여받게 되었다.

하나부터 열까지 새로운 일이다 보니 처음에는 어쩔 줄을 몰랐다. 또한 직장에서 막내였기 때문에 주 업무 외에 여러 가지 심부름과 선배들의 업무까지 신경 쓰고 챙겨야 할 부분들이 많았다. 하지만 그럴수록 우선순위를 독서에 두고 아무리 바쁜 상황 속에서라도 독서를 하기 위해 고군분투했다.

군 생활을 할 때보다 오히려 직장생활을 하게 되면서 독서할 시간과 여유가 없어졌다. 하지만 이러한 상황이 책을 더 많이 읽을 수 있는 기회라고 생각하고 더 치열하게 읽고자 했다. '꿈은 반드시 이루어진다.'라는 말처럼 오직 조금 더 많은 시간을 확보해서 책을 읽겠다는 간절함과 치열함으로 자투리 독서를 하면서 책까지 쓰게 되었다.

군 생활은 정해진 시간에 맞춰서 일과가 끝났지만 직장생활은 그렇지 않았다. 퇴근시간에 맞춰 퇴근을 하면 좋겠지만 불규칙하게 시간이 정해졌다. 출퇴근 시간, 점심시간 등을 최대한 활용해서 독서를 했다. 사실 다른 할 일들도 태산같이 많은데 독서를 우선순위를 두고 생활하는 것 자체가 쉬운 일은 아니었다.

복잡하게 생각할수록 머릿속은 더욱 복잡해진다. 처음에는 누구나 어렵고 힘들다는 것을 인정하고 긍정적인 마음가짐으로 할 수 있다는 자신감을 가지고 차근차근 꾸준히 하면 된다.

책을 우선순위에 둔다는 생각을 원칙으로 책과 항상 함께 해야 한다. 또한 자신을 책에 투영시켜 많은 것을 얻어 낼 준비가 필요하다. 좋은 내용은 계속해서 마음에 담아 두려고 애쓰며 저자가 말하고자 하는 진정한 의미를 파악하려고 노력해야 한다. 이야기를 재구성하면서 자신에 대해 돌아보기도 하고 미래를 가늠하는 생산적인 생각을 하자.

현대 사회는 수명이 늘어난 고령화 사회이며 지식 기반 사회이기 때문에 평생을 공부해야 한다. 이런 사회에서 꾸준한 학습을 위해서도 독서는 기본이다. 물론 모든 사람이 읽었다고 해서 그 지식을 다 자신들의 손 안에 쥘 수 있는 것은 아니다. 자기의 일이나 생활, 평소에 가지고 있던 생각 등과 결합할 수 있어야 하고 그 속에서도 선택적으로 배워 나가야 한다.

 이 선택의 폭을 넓혀주고 관점을 바꿔 볼 수 있게 도와주는 것이 바로 독서다. 책을 통해 여러 가지 사상과 철학을 접하고 그것을 내 것으로 만들면서 자연스럽게 사고를 확장하고 고정관념도 깰 수 있다. 이 기회를 자신에게 많이 주면 줄수록 기대한 것 이상을 얻을 수 있는 인생이 될 것이다.

시간과 장소를
구분하지 마라

책을 읽는 데 어찌 장소를 가릴소냐?
- 퇴계 이황 -

사람들이 독서하기가 어렵다고 하는 이유는 정해진 장소에서 정해진 시간에만 해야 된다는 강박관념이 있기 때문이다. 사실 독서는 처음에 습관만 잘 들여 놓으면 언제 어디서든지 가능하다.

나 역시도 처음부터 언제 어디서든지 독서를 하지 못했다. 지하철로 출퇴근을 하면서 책을 펴보았지만 주변 사람들을 의식해서 제대로 읽지 못하는 경우가 종종 있었다. 도서관은 무조건 공부하는 곳이라는 고정관념 때문에 근처에는 얼씬도 하지 못했다. 다른 사람들 앞에서 책을 펴서 읽는다는 것이 마치 스스로 똑똑한 척을 한다는 생각 때문에 시간과 장소에 상관없이 독서를 한다는 것이 쉽지 않았다. 하지만 포기하지 않고 조금씩 용기를 내서 행동으로 옮기기 시작했다.

눈에 보이는 모든 곳에 책들을 놓으며 좀 더 가까워질 수 있도록 노력했다. 석 달 정도가 지나자 주변에 책이 놓여 있는 것이 익숙해지기 시작했다. 그래서 나는 내 방부터 거실까지 책들을 일부러 늘어뜨려 놓았다.

책상 주변에서부터 침대, 의자, 화장실, 식탁 등 책을 놓을 수 있는 자리라면 어디라도 책을 두었다. 책들이 곳곳에 놓여 있기 때문에 책들과 눈이 안 마주치고 싶어도 저절로 시선이 갔다. 책에 쉽게 손이 가고 관심이 생기며 남는 자투리 시간에 독서를 할 수 있었다.

나는 새벽 시간을 자주 활용한다. 물론 새벽에 일어나는 것이 쉽지 않다. 그런데도 새벽에 독서를 하는 이유는 오전, 오후 시간에 독서를 하는 것보다 두 배 이상의 효과를 맛볼 수 있기 때문이다. 새벽 4~5시에 기상하게 되면 맑은 정신에 책을 읽기 때문에 집중력뿐만 아니라 내용도 쉽게 이해가 된다. 성공한 사람들이 새벽 시간을 활용해 독서를 하는 데에는 이유가 있는 것이었다.

독서는 집에서 뿐만 아니라 밖에서도 충분히 할 수 있다. 책을 읽기 위해 사람들이 모여 있는 도서관이나 자주 가는 카페에 들어가서 자연스럽게 책을 읽으면 된다.

나는 독서를 할 때면 스타벅스에 자주 간다. 왜냐하면 아무 소리 없는 조용한 장소보다 마음을 편안하게 해주는 음악이 있는 곳이 좋기 때문이다. 그리고 스타벅스를 설립한 하워드 슐츠의 신념과 철학이 담긴 공간이라서 더욱 매력적으로 느껴진다.

나는 미팅이나 약속이 있는 날이면 서점이나 카페에서 보자고 한다. 상대방을 기다리는 짧은 시간이라도 책이나 잡지를 보면서 독서를 하기 위해서다. 핸드폰을 하거나 아무 생각 없이 있을 수 있는 시간이지만 이 공간에서는 짧은 시간이라도 효율적으로 보낼 수 있기 때문이다.

대부분의 사람들은 직장생활을 한다. 하루의 절반 이상을 직장에서 생활하는 만큼 직장에서도 언제 어디서든지 독서를 할 수 있다. 직장인에게 잠시나마 쉴 수 있는 시간은 바로 점심시간이다. 그러나 이 황금 같은 점심시간에 다른 누군가와 커피를 마시며 대화를 나누는 일이 많다.

나도 직장에 다니면서 점심시간을 아무 의미 없는 이야기를 나누며 무의미하게 보냈다. 뒤늦게 깨달은 사실은 그렇게 보냈던 시간은 모여서 하루가 되고 한 달이 되어 엄청난 시간이 되었다. 1시간이라는 점심시간을 자신을 위해 자기계발을 하거나 독서를 했더라면 보다 나은 삶을 살 수 있을 것이다. 하지만 늦은 때란 없을 것이다. 지금이라도 점심시간의 중요성을 깨닫고 행동으로 옮긴다면 충분히 독서 시간을 만들 수 있다.

누구든지 집중이 잘되는 장소가 있을 것이다. 하지만 늘 집중이 잘되는 것은 아니다. 나는 집중이 잘 안 되는 날이면 대형 오프라인 서점으로 향한다. 매장에 있는 책들을 바라보며 기분을 전환한다. 왜 책을 쓰는지 피부로 와 닿게 되고 많은 양의 책들을 바라보면서 동기부여도 받기 때문이다. 또한 사람들이 어느 분야에 관심이 있는지를 알 수 있고, 출판의 흐름도 파악할 수 있다. 여기에 요즘 대형 오프라인 서점들은 카페 시설도 잘 되어 있기 때문에 커피 한 잔과 함께 여유 있는 독서를 즐길 수 있다.

나는 종종 공원에서 산책하며 책을 읽는 시간을 갖는다. 이 시간이야말로 스스로 힐링하는 시간이다. 그리고 여러 권의 책들을 가방에 넣고 등산도 한다. 산 정상에서 책을 읽는 것도 가슴을 시원하게 해준다. 다른 사람들이 보면 등산을 하러 와서 무슨 독서냐고 할 수 있지만 정상에서 읽는 책은 읽어 본 사람만이 그 희열을 알 수 있을 것이다. 같은 책을 다른 시간과 다른 장소에서 읽었을 때 다른 느낌을 받는 신기한 경험은 독서를 하는 사람만이 누릴 수 있는 특혜이다.

독서를 하기 위해서 시간과 장소에 한계를 두는 것은 스스로 만들어 낸 편견이자 고정관념이다. 어떻게 마음을 먹느냐에 따라서 책은 어디서든 충분히 읽을 수 있다. 시간과 장소를 구분하지 않고 책을 읽기란 자신의 의지에 따라 달려 있는 것이다. 간절한

만큼 책을 더 꾸준히 읽게 될 것이고, 그만큼 습관이 몸에 배게 된다. 그래서 언제 어디서든 시도 때도 없이 책을 읽을 수 있게 되는 것이다.

책을 읽기 전, 얼마나 책을 통해 자신의 인생을 바꾸고 싶은지 스스로 들여다보자. 만약 지금 심장이 요동친다면 당신은 언제 어디서든 책을 읽을 준비가 되어 있다.

출근 전, 퇴근 후 시간을 활용하라

변명 중에서도 가장 어리석고 못난 변명은 바로 시간이 없어서라는 변명이다.
- 에디슨 -

　나는 군대를 전역하고 회사에 바로 복직했다. 군대에 있을 때는 나팔소리와 함께 일어나 자투리 시간을 놓치지 않고 독서를 했다. 하지만 직장으로 출근하기 시작하자 오직 휴대전화 알람에만 의지를 하니 잠의 유혹을 이기지 못하고 출근 시간이 되어서야 가까스로 사무실에 도착했다. 또한 회사 업무가 많아지자 잦은 야근으로 늘 수면 부족에 시달릴 수밖에 없었다. 출근을 하고 조금이라도 책을 읽으려고 시도했지만 업무를 시작하기 전 필요한 서류를 정리하는 것만으로도 정신이 없었다.
　군대에서는 일찍 자고 일찍 일어나는 규칙적인 생활을 한다. 그래서 일과를 시작하기 전과 취침 전 시간들을 조금이나마 확보할 수 있었다.

나는 군대에서 보직이 행정병이었기 때문에 후임 시절부터 제일 먼저 사무실에 출근해 컴퓨터를 켜놓고 독서를 하며 상사를 맞이했다. 항상 이른 출근으로 아침 시간을 잘 활용했기 때문에 하루를 알차게 보낼 수 있었다. 하지만 직장생활을 시작하자 잦은 야근과 회식으로 인한 수면 부족으로 아침 일찍 독서는커녕 출근하기조차 힘들어졌다. 그러다 보니 아침 시간을 제대로 활용하지 못했고, 계획이 잘 안 풀리는 느낌이 들었다.

직장에 들어가기 전, 주위의 직장인들을 보면 대단하다고 생각했다. 이제는 내가 직장인이 되어 보니 정말 직장 선배들이 존경스럽다. 그들은 어떻게 직장생활을 하며 자기 관리를 잘할 수 있는지 그 노하우를 전수받고 싶었다. 효율적으로 일과 자기계발을 할 수 있는 노하우가 없다 보니 직장생활을 하면 할수록 피로도와 스트레스가 쌓였다. 군인일 때는 정해진 일정과 시간에 맞춰 시키는 대로 행동하면 되지만, 직장에서는 모든 시간을 스스로 결정하고 관리해야 했다. 제대로 시간을 관리하지 않으면 시간은 시간대로 허비하고 몸과 마음의 에너지도 낭비하게 되는 셈이다.

어느 날 시간이라도 잘 활용하고 싶은 마음에 시간 관리 관련 책을 구입하기 위해서 서점으로 향했다. 그곳에서 김태광 작가의 《출근 전 2시간》을 읽게 되었다.

나는 이 책에서 직장생활을 하면서 하루를 생산적으로 보내지 못하는 가장 큰 이유를 찾게 되었다. 바로 아침 시간과 퇴근 후 시간을 제대로 활용하지 못하고 있었기 때문이었다.

작가 역시 힘든 20대 시절을 보내며 직장생활을 했지만 생활은 크게 달라지지 않았다. 그래서 자신을 변화시키기 위해 출근 전과 퇴근 후 시간을 활용하며 자기계발을 하기 시작했다. 그렇게 출근 전, 퇴근 후 2시간을 활용하기 시작하면서 조금씩 인생에서 빛이 보이기 시작했다.

그는 아직도 현실에 만족하지 못하는 사람들에게 새벽형 인간이 되어야 한다고 충고한다. 그의 책을 읽으면서 나는 다시 한번 군대에서의 규칙적인 생활 습관을 떠올리게 되었고, 열심히 했던 그때를 되짚어 보았다. 분명한 것은 군 생활 동안 시간들을 제대로 활용했을 때 큰 성과를 낼 수 있었다. 그리고 현재의 생활 패턴을 다시 잘 생각해 보았다.

시간 활용을 잘하지 못하고 있는 가장 큰 원인을 파악했다. 첫 번째 이유는 체력 저하였다. 잦은 야근과 회식으로 스스로 몸 관리를 소홀히 했던 것이다. 두 번째 이유는 아무 계획과 목적 없는 막연한 생활이었다. 그냥 하루하루를 의미 없이 보내는 생활을 계속 이어가고 있었다.

시간 활용을 어떻게 해야 잘할 수 있을까? 하루는 24시간으로 누구에게나 공평하게 주어진다. 과거 하루를 12시간밖에 활용하지 못했던 것에 비해 요즘은 출근 전 2시간을 잘 활용하여 24시간보다 더 많은 시간이 내게 주어진 것처럼 하루를 알차게 보내고 있다. 그 활용 방법을 아래 잠깐 소개해 본다.

더 자세한 내용을 알고 싶다면 김태광 작가의 《출근 전 2시간》을 참고하는 것도 좋은 방법이다. 나는 이 책에서 열거한 것 중에 내가 직접 실천하여 효과를 본 나만의 5가지 방법을 소개하겠다.

첫째, 신데렐라 수면법에 도전하라.

자정이 되기 전에 집으로 귀가하는 신데렐라처럼 늦어도 밤 12시가 되기 전에 잠을 자는 것이다. 12시 이전, 두 시간을 주기로 짝수 시간에 잠들어야만 논렘수면(입면-얕은 잠-깊은 잠)과 렘수면(꿈꾸는 깊은 잠)에 들어갈 수 있다. 그래서 나는 무조건 12시 이전에는 잠을 잤다.

둘째, '10분만 더'의 유혹을 떨쳐라.

가장 많이 하는 실수가 '시간이 없어서'라는 변명이다. 이렇게 변명을 하는 가장 큰 이유는 바로 아침에 눈을 뜨면 벌떡 일어나지 않는 데 있다. 성공한 사람들 모두 새벽형 인간이며, 새벽 5시부터 출근 전 8시까지가 두뇌가 가장 명석해지는 시간이라는 점을 잊지 말자.

셋째, 기상 후 하루 일정을 계획하고 메모하라.

기상과 동시에 찬물로 세수를 하고 바로 책상에 앉아 그날에 무슨 업무가 있는지 꼼꼼하게 살펴본다. 그리고 중요한 일과 덜 중요한 일을 구분하고 다시 급한 일과 급하지 않은 일로 2차 구분을 하며 계획을 잡는다. 잊어버리지 않도록 핸드폰이나 다이어리에 메모를 해놓고 그 즉시 실행으로 옮긴다.

넷째, 지하철을 이동하는 서재로 활용하라.

출근 시간만큼 대중교통이 혼잡할 때도 없을 것이다. 출근 시간보다 한 시간 일찍 지하철로 출근해 보자. 그동안 느껴보지 못한 여유로움을 만끽할 수 있다. 다른 사람들보다 일찍 출근하고 이동하는 시간 동안 책을 읽음으로써 자신만의 서재를 만들어 보자.

다섯째, 꿈을 생생하게 상상하라.

지금까지 말한 4가지 방법을 지속적으로 이어나가기 위해서는 자신만의 꿈과 소명이 필요하다. 자동차에 엔진이 있어야 움직이는 것처럼 꿈과 소명이 있어야 하루를 힘차게 살 수 있다. 아직까지 자신의 꿈이 무엇인지 모르겠다면, 무엇을 할 때 가장 행복했는지를 떠올려 보자. 자신이 상상한 미래의 모습을 현실로 만들기 위해 노력하고 실천해야 한다.

위의 언급한 5가지를 실천하면서 나는 출근 전, 퇴근 후 시간을 나만의 시간으로 활용할 수 있게 되었다. 하루를 생산적으로 보내고 나니 행복감으로 가득 차게 되었다. 만약 위의 5가지 실천법이 어렵다면 나의 휴대전화 번호인 010. 9306. 1585로 연락해 보라. 왜 당신이 실천할 수 없는지 이야기해 주면서 실천 가능한 방법들을 맞춤형으로 이야기해 주겠다.

'시간은 아무도 기다려주지 않는다.'라는 말처럼 지금 이 순간에도 시간은 흐르고 있다. 다시 돌아오지 않을 시간을 후회 없이 보내기 위해서 의미 있는 시간들로 가득 채워 보자.

PART 4

자투리 시간을 활용한 7가지 독서법

하루 한 쪽으로 성공하는 독서법

모든 위대한 일은 작은 시작에서 출발한다.
- 피터 센게 -

새해가 되면 작년보다 나은 미래를 만들기 위해서 새로운 목표를 세운다. 날씬한 몸매를 위해 다이어트를 계획하고, 좋은 학교와 회사를 들어가기 위해 공부 계획도 짠다. 하지만 많은 사람들이 그렇듯이 처음 목표를 잡던 열정은 조금씩 식어가고 계획대로 되지 않은 채 작심삼일로 돌아간다.

나 역시 매년 새해가 돌아올 때마다 새로운 계획과 마음가짐으로 시작한다. 하지만 며칠이 지나지 않아 모닥불처럼 금세 열정이 식어 버린다. 언젠가 한 번은 멋진 王(왕)자가 있는 몸매를 꿈꾸며 헬스장을 끊은 적이 있었다. 처음에는 의욕이 앞서 하루에 할 수 있는 운동량을 무리하게 채워나갔다. 그리고 다음 날이 되면 전날에 무리한 운동 탓에 온몸이 아팠다. 결국 움직이는 것조차 힘들어 운동을 포기하게 되었다. 멋진 몸매를 만들겠다는 열정과 목표는 수포로 돌아가고 작심삼일로 막을 내렸다.

위의 이야기는 나뿐만 아니라 많은 사람들이 한 번씩은 겪었을 것이다. 계획한대로 실천을 옮기고 싶지만, 이상하게도 생각처럼 몸과 마음이 따라주지 않는다. 그리고 며칠 뒤 계획대로 행동하지 않는 자신을 보며 자책하고 후회한다. 책을 읽는 것 또한 마음처럼 쉽지 않다.

'다른 사람들은 꾸준히 독서를 잘하는 것 같은데……'
'나는 왜 이렇게 꾸준히 독서를 하지 못하는 것일까?'

보통 꾸준히 독서를 하려고 하지만 책상에 앉기까지가 어렵다. 힘겹게 책상에 앉아 책을 펴도 검은 것은 글씨, 하얀 것은 종이네 하며 아무 생각 없이 앉아 있기도 한다.

나 역시 자투리 시간에 책을 읽는 습관이 제대로 잡혀 있지 않았다. 그날 설정한 목표만큼 독서를 시도했지만 몇 페이지 읽고 말기를 반복했다. 시간이 지날수록 결국 책을 읽는 횟수보다 안 읽는 횟수가 더 많아졌다. 결국 나중에는 온갖 핑계들로 무장해서 독서를 외면하다시피 했다.

도저히 이렇게는 살 수 없을 것 같아 스스로 '내가 어쩌다 이렇게 됐을까?'하며 고민하기 시작했다. 며칠을 고민한 결과 답은 바로 나에게 있었다. 책을 무작정 생각 없이 읽는 것 자체가 문제였던 것이다. 다른 사람들도 토익이나 자격증 공부를 하니 나도 나를 위해 무언가라도 해야 되지 않을까라는 마음 때문이었다.

무슨 일을 하든지 목적을 가지고 나아가야 오랫동안 지속해서 노력할 수 있고, 원하는 목적지를 향해 쉽고 빠르게 갈 수 있다. 그래서 다시 목표를 재설정해서 독서를 하기 시작했다. 무리한 목표를 잡는 것이 아닌 내가 할 수 있는 만큼의 목표를 설정했다. 목표를 한두 번 실행할수록 '나도 할 수 있다!'라는 성취감이 생기기 시작하고, 더불어 자신감도 붙기 시작한다. '어쩌면 나에게도 어떤 재능이 있을지도 몰라.'라고 생각할 정도로 스스로 뿌듯해했다.

어느 날, 나는 우리나라의 빨리빨리 문화에 대해서 생각하게 되었다. 외국인이 우리나라에 왔을 때 '빨리빨리'라는 말을 배운다고 한다. 이 사실만 봐도 우리가 얼마나 빨리라는 단어를 자주 쓰는지 알 수 있었다.

우리나라는 일제강점기 때부터 해방과 동시에 산업 근대화를 목표로 빠른 경제 성장을 이루었다. 국민의 라이프스타일도 그에 맞춰져 오늘까지 이르게 된 것이다. 빨리빨리 문화로 빠르게 성장할 수 있었지만 그만큼 부작용도 만만치 않게 생겼다.

우리나라의 빨리빨리 문화라는 글을 보면서 독서를 꾸준히 하던 내가 책을 조급하게 읽으려고 욕심을 부렸다는 사실을 깨달게 되었다.

그 후 나는 조급함과 욕심을 최대한 버리고 자투리 시간에 꾸준히 독서하는 습관으로 바꾸기 위해 노력했다. 독서 습관을 바꾸기 위해 습관에 관련된 책을 찾던 중 스티븐 기즈의 《습관의 재발견》이라는 책을 읽게 되었다.

보통 새해가 되면 새로운 계획을 세운다. 그러나 대부분의 계획들은 작심삼일로 끝나기 일쑤다. 그래서 스티븐 기즈가 제시하는 새로운 방법은 바로 계획을 아주 한심할 정도로 작게 설정하라는 것이다.

각자 자신만의 컴퍼트 존(comfort zone)이 있는데 자신의 컴퍼트 존은 하루에 다섯 쪽밖에 읽지 못하는데 많이 읽고 싶다는 욕심에 백 쪽을 읽는다는 목표를 세우면 안 된다는 것이다. 며칠은 백 쪽을 읽을 수 있지만, 힘든 상황이나 여러 가지 일들이 발생했을 때는 바로 포기하고 만다. 그래서 나는 이 책에서 말하는 것처럼 한심할 정도로 작은 목표를 설정하고 독서를 다시 시작했다. 처음에 한 쪽을 목표로 설정하고 차근차근 읽어나가기 시작했다. 하루에 한 쪽을 읽고 스스로에게 잘했다는 칭찬과 함께 성취감을 갖게 되었고, 독서량에 대한 욕심이 생기기 시작했다.

무엇을 하든지 욕심을 많이 부리게 되면 오히려 화를 부르게 된다. '천 리 길도 한 걸음부터'라는 명언이 있다. 이 말처럼 독서를 하는 데 있어서도 중요한 말이다. 많은 사람들이 큰 성과를 내지 못하는 단 한 가지 이유는 자신에게 맞는 목표 설정이 없이 조급해 하기 때문이다.

과도한 목표 설정은 쉽게 포기하게 만들고 조급함은 스스로에게 압박감과 부담을 준다. 그래서 처음 가졌던 열정은 시간이 지날수록 줄어들게 한다. 하지만 작은 목표 설정을 가지고 조급해 하지 않는 사람은 절대로 마음을 뺏기지 않는다. 그래서 독서에 집중할 수 있게 된다. 자신에게 맞는 목표 설정과 조급함을 버린다면 집중력도 올라가고 그로인해 더 많은 독서를 할 수 있게 된다.

나는 독서를 하며 '한 페이지만 읽자.', '너무 욕심 부리지 말자.'라고 생각한다. 그렇게 책을 읽다가 보면 한두 장이 어느새 늘어난다. 그렇게 조금씩 읽어도 한 달에 세 권 이상의 책을 읽을 수 있다. 하지만 아직도 많은 사람들이 독서를 할 때 하루 한 쪽 읽는 것조차 귀찮게 생각한다.

어느 분야에서든 성공한 사람들의 성공 비결은 바로 한 걸음이다. 남들보다 하루 한 쪽 더 읽는 것이 성공의 비결인 것이다. 목표에 대한 욕심을 내지 말고 조급함을 버리는 것이 성공자의 성공 비결인 것처럼 독서도 일맥상통하다. 오늘 한 쪽을 읽는 순간 당신은 어제보다 성공한 하루를 보낸 것이다.

꼬리에 꼬리를 무는
질문 독서법

스스로 공부하는 가장 확실한 방법은 모든 것에 질문을 던지는 것이다.
- 존 스튜어트 밀 -

"질문 있는 사람 있나요? 없으면 그만 수업 마치겠습니다."

학생 시절 대부분 한 번쯤 보았을 광경이다. 수업은 잘 듣지만 수업이 끝난 후 질문이 있는지 물어보면 대답을 잘 하지 않는다. 이유야 여러 가지이겠지만 주변의 눈치를 살펴서 그럴 것이다. 질문하지 않는 것이 얼마나 손해를 볼 수 있는 일인지 보여주는 사건이 있었다.

미국의 오바마 대통령이 G20 폐막 기자 회견장에서 한국 기자들에게 먼저 질문할 수 있게 발언권을 특별히 준 적이 있었다. 하지만 한국 기자들은 주변의 눈치를 살피며 아무도 질문하지 않았다. 그리고 한국 기자들이 질문을 하지 않자 중국 기자가 대신 질문해도 되냐고 물었지만 오바마 대통령은 한국 기자들에게 몇 번씩이나 발언 기회를 주었다. 하지만 마지막까지 한국 기자들은 그 누구도 질문을 하지 못했다.

이 사건 이후로 우리나라에서는 그 당시 왜 질문을 하지 못했는가에 대해서 많은 말이 나왔지만 주변에서 그 원인을 쉽게 찾을 수 있었다. 학창 시절부터 수업 시간에 학생이 질문을 하는 것이 아니라 선생님이 말해주는 내용을 받아 적고 외우는 게 학습 방법이었던 것이다. 그래서 어릴 때부터 질문하지 않는 것이 습관으로 자리 잡았고, 사회생활을 시작하더라도 질문이 바보 같은 일로 여겨지게 되었다. 그리고 오히려 질문을 잘못하게 되면 스스로에게 피해를 줄 수 있다는 생각에 질문을 하는 것 자체를 피하게 된 것이다.

나 또한 학교를 다닐 때 수업을 듣기만 했지 질문을 잘 하지 않았던 사람 중에 한 명이었다. 학생 시절부터 질문을 하지 않는 것이 반복되다 보니 습관이 되었고, 문제에 직면했을 때도 그 문제가 옳은 것인지 그른 것인지도 판단하지 못했다. 그동안 살아오면서 스스로에게 가장 많이 한 질문은 무엇일까?

'좋은 대학을 가기 위해서는 얼마만큼 공부를 해야 되지?'
'좋은 직장에 들어가기 위해서는 무엇을 준비하면 되지?'
'승진을 하기 위해서는 얼마나 더 열심히 일을 해야 하지?'

떠오르는 질문은 대부분 대학교, 취업, 승진을 위한 질문이었다. 하지만 이 질문 앞에 '왜?'라는 질문을 붙이면 어떨까? '왜 대학을 가야 하지?', '왜 승진을 해야 하지?' '왜'라는 단어 한 글자만 붙였을 뿐인데 질문이 꼬리에 꼬리로 물고 계속해서 이어진다. 그렇게 끊임없이 파고드는 질문으로 근원을 찾게 된다.

내가 질문의 중요성을 알게 된 것은 직장생활을 시작하면서부터다. 나는 처음 회사에 입사했을 때 아무 생각 없이 시키는 업무만 했다. 학생 시절에 선생님께서 가르쳐 주는 대로 배우듯이 업무도 그냥 시키면 시키는 대로 열심히 했다. 그래서 직장 선배들에게 일을 할 때는 항상 자신에게 '왜?'라는 질문을 하라는 소리를 종종 들었다.

질문이 습관이 되어 있지 않아 '왜?'라는 질문을 통해 업무를 파악하는 것은 쉽지 않았다. 그래서 선배들이 왜 이 일을 이렇게 해야 하는지 반복해서 알려주었지만 바로 이해하는 게 힘들었다. 그러나 시간이 흐르고 연차가 쌓이면서 업무를 진행할 때 '왜?'라는 질문을 스스로 할 수 있게 되었다.

무슨 일을 하더라도 '내가 왜 이 일을 하지?'라는 질문을 하고 답을 찾기 위해서 고민했다. '회사의 이익을 창출하기 위해', '우리 회사 제품을 구매하는 고객에게 더 나은 서비스를 위해'라는 식으로 스스로에게 답을 했다. 스스로 답을 찾다 보니 직장생활을 하는 데 있어서도 전보다 능동적으로 행동하며 책임감을 가질 수 있었다.

독서는 스스로 질문하는 능력을 키울 수 있게 도와준다. 나는 처음 책을 읽을 때 무조건 많은 책들을 읽어야 스스로 성장할 수 있다고 믿었다. 읽은 책들이 늘어날수록 내가 알게 된 지식과 정보들도 함께 많아져 성취감을 느꼈기 때문이다. 그러던 어느 날, 수백 권의 책을 읽은 뒤 '책을 통해 얻은 것이 무엇일까?', '책을 읽으면서 나는 얼마나 변했을까?'라는 질문을 스스로에게 했다.

이때 나는 망치로 머리를 한 대 맞은 것처럼 아찔했다. 그동안 많은 책들을 읽었지만 책을 읽으면서 알게 된 내용들이 기억이 나지 않았기 때문이다.

나 자신의 변화와 성장을 위해 수백 권의 책을 읽은 과정에서 실제로 변화와 성장을 이룬 것이 없던 것이다. 자투리 시간에 독서를 하는 습관을 기를 수 있게 되었지만 그 이상으로 얻은 것은 없었다.

그 후 책을 통해 얻은 지식과 노하우들은 결국 스스로 어떻게 흡수하느냐에 따라 달라진다는 것을 깨달았다. 나는 책의 저자가 말하는 내용과 생각들을 곧이곧대로 받아드리지 않게 되었다.

책을 읽으면서 끊임없이 '이 책을 쓴 의도는 무엇일까?', '이 책의 저자는 무슨 말을 하기 위해 이 문장을 썼을까?', '내가 저자라면 어떻게 판단했을까?', '이 책을 통해 얻는 것을 무엇일까?'라며 끊임없이 생각했다. 또한 항상 다이어리를 옆에 두고 와 닿는 문장들을 적으면서 내용을 고민해 보며 사색하고 진리를 찾는 과정을 즐겼다. 적어 놓은 글과 문장들을 보며 최소한 3번 이상 질문을 던지고 생각하는 시간을 갖자 지금껏 보지 못한 또 다른 세상이 보였다.

질문은 결국 자신을 스스로 다스리는 것이다. 질문하는 독서는 자기 자신을 끊임없이 알려고 하는 과정이며, 자신 안의 또 다른 내면을 발견하는 작업이다.

'남은 인생을 어떻게 살아갈 것인가?', '나라면 어떤 선택과 행동을 할 것인가?'라는 질문에 답을 찾고 고민하며 조금씩 배우고 알아가는 과정인 것이다.

고대 그리스의 대표적 철학자 소크라테스는 '너 자신을 알라.'라는 말을 남겼다. 이 명언처럼 모든 것을 행하는 전제는 자신을 알아가는 과정에 있다.

책을 통해 끊임없이 질문하고 이해하는 과정에서 진정한 자신의 모습을 발견해 더 큰 세상으로 나아가자. 어느 누구도 세상의 지식을 100% 다 아는 사람은 없다. 자신이 갖는 궁금증을 책을 통해 조금이라도 해소하며 더 고민해 보는 것 자체가 아름다운 것이다.

어린아이에게 말하듯이 하는
설명 독서법

여섯 살 아이에게 설명할 수 없다면, 스스로가 이해하지 못한 것이다.
- 아인슈타인 -

　이제 막 여섯 살이 된 아이가 부모에게 다가가서 질문을 한다. "엄마 아기는 어떻게 태어나는 거예요?", "아빠 사과는 왜 빨개요?" 등 호기심 가득한 얼굴로 꼬리에 꼬리를 무는 질문이 끊이지 않는다. 질문을 많이 하는 시기의 아이들은 엄청난 성장을 한다고 한다. 그래서 호기심이 왕성한 아이들의 질문에 답변을 해주기도 벅찰 정도다.

　아이들의 질문이 평소에 잘 알고 있는 내용이라고 생각하지만 막상 질문을 받으면 말문이 막혀 버리기 일쑤다. 배운 지식들은 머릿속에 있지만 그것을 막상 말로 표현하려고 하면 꿀 먹은 벙어리가 된다.

대부분의 사람들은 청중 앞에서 말을 하거나 발표하는 것을 부끄럽고 어려운 일이라고 생각한다. 그래서 자신이 가지고 있는 지식이나 경험을 다른 사람에게 말하기를 꺼린다. 이런 일이 많다보니 자신도 모르게 습관이 되어 설명하는 것을 포기하기도 한다.

나 역시 가끔 지인들이 읽고 있는 책의 내용을 물어보면 갑자기 머릿속에 하얗게 된 적이 한두 번이 아니다. '어제 분명히 밑줄도 치고 별표도 그려가면서 읽었는데 왜 기억이 안 나지?'라며 스스로 답답했던 일도 많았다. 그래서 자투리 독서를 하면서 '어떻게 하면 내가 읽었던 내용을 오래오래 기억할 수 있을까?'라는 고민을 하기 시작했다. 내용을 외워 보기도 하고 반복해서 읽었지만 소용이 없었다. 그러다가 찾은 방법이 다른 사람들에게 설명할 것을 예상하면서 하는 독서였다.

다른 사람에게 설명하는 것을 목표로 두고 독서를 하니 보다 깊고 높은 수준의 이해가 필요했다. 가르치는 것을 전제로 하기 때문에 독서를 하며 끊임없이 예상되는 질문도 생각을 했다. 가장 중요한 것은 자신의 주장을 다른 사람에게 이해시켜야 됨으로 그 과정 속에서 생각과 사고가 확장되었다.

나는 중대원의 교육을 담당하는 병사로 군 생활을 보냈는데 매주 수요일 아침에는 정신교육이 있었다. 나는 수요일 전에 중대원들 앞에서 이번에는 어떤 교육을 할 것인지 교육 자료를 보며 공부했다. 그냥 눈으로만 훑는 것이 아니라 교육 자료의 내용을 스스로가 납득할 수 있을 때까지 설명했다. 나 자신에게 납득이 되어야만 다음 내용으로 넘어갔다.

처음부터 교육 자료를 보며 미리 공부를 한 것은 아니었다. 계급이 낮아 아무것도 모른 채 교육을 진행했을 때는 말할 내용이 전혀 준비가 되어 있지 않았다. 이런 일들이 쌓이다 보니 더 이상은 안 되겠다 싶어서 교육 시작 전에 미리 준비를 하게 되었다. 교육 전에 미리 준비를 하며 스스로 납득할 수 있게 설명하는 습관이 생기자 독서는 물론 군 생활과 직장생활을 하는 데 있어서도 많은 도움이 되었다.

어느 날 우연히 부대에서 발표 대회를 진행한 때가 있었다. 대회에 참가한 나는 정신 교육을 준비했던 것처럼 발표 주제를 선정하고 자료를 찾으며 공부를 시작했다. 개인 정비 시간과 이동 시간 등 남는 자투리 시간에 발표 자료를 보고 청중 앞에서 말하는 모습을 상상하며 발표하는 연습을 꾸준히 했다.

드디어 발표 대회 날이 왔고, 그동안 준비했던 내용들을 막힘없이 말하며 발표를 마쳤다. 이때의 경험은 며칠이 지나도 여운이 가시지 않았고, 발표했던 내용들은 머릿속에서 지워지지 않았다. 설명할 줄 아는 것이 얼마나 중요한 것인지를 깨닫게 되자 자투리 독서에도 적용하기 시작했다.

예전과 같았으면 눈으로만 훑으며 지나갈 내용들을 인상 깊은 문장과 함께 다이어리에 적고 소리 내어 읽었다. 그냥 읽는 것이 아닌 문장과 내용의 의미를 곱씹어 보며 천천히 읽었다. 그러자 읽었던 내용들이 머릿속에서 춤을 추듯이 자동적으로 떠오르게 되고 기억에 오래 남았다. 다른 사람들에게 말을 할 때도 책에 있는 내용이 잘 떠오르기 때문에 자유자재로 책 내용을 인용해서 말하기도 하며 더욱 유창하게 말할 수 있게 되었다.

　군대를 전역한 뒤 다니던 회사에 복귀를 했을 때도 이때 쌓은 경험이 빛을 발했다. 또한 자투리 독서에서 얻은 의식 확장은 평소 말하는 실력까지 향상시켰다. 나는 영업사원으로 일을 하면서 일주일 동안 120개 이상의 점포를 돌아다니며 점주와 소통했다. 점주와의 소통에 따라 회사 제품의 매출이 결정이 될 때가 많았다. 그래서 영업사원의 말 한마디가 회사의 이익에 크게 작용하기 때문에 말과 행동을 항상 신중하게 해야만 했다. 더불어 점주들과 소통을 하면 할수록 내 지식의 크기도 넓혀지지만, 가지고 있는 지식을 다른 사람에게 쉽게 이해할 수 있도록 설명하는 실력 또한 많이 늘었다.

　지금 내가 코치로 활동하고 있는 〈한책협〉의 책 쓰기 프로그램 과정에서도 주마다 독서 토론을 진행한다. 다른 사람들이 보기에는 '책 쓰기 과정에서 책 쓰는 것만 배우면 되지 굳이 독서 토론이 필요할까?'라고 생각할 수 있을 있지만 자신이 가지고 있는 지식과 경험들을 다른 사람들에게 이야기하는 것은 굉장히 중요하다.

지식을 그냥 아는 것과 그것을 다른 사람에게 설명하는 것은 분명히 다르다. 내가 가지고 있는 지식을 다른 사람에게 설명하기 위해서는 설명하고자 하는 내용을 100% 이상으로 스스로 충분히 이해하고 있어야 한다.

책을 처음부터 끝까지 정독했지만, 다음 날이 되면 어제 읽었던 내용들이 거의 생각나지 않는다. 그냥 눈으로 독서를 하다 보면 읽었던 내용들은 쉽게 잊어버리기 마련이다. 왜냐하면 사람은 망각의 동물이기 때문이다. 그렇다면 책을 읽은 내용을 오래 기억할 수 있는 방법은 무엇일까? 여섯 살 아이에게 이해할 수 있을 정도로 쉽게 설명하면서 독서를 하면 된다.

한 권을 읽더라도 제대로 읽었다는 뿌듯함은 물론, 다른 사람에게 책을 소개할 때도 자신감이 있게 말할 수 있다. 책을 통해 얻은 자신의 지식과 노하우를 설명하는 연습을 통해 어제보다 성장한 자신을 만날 수 있다.

책에 발자취를 남기는 흔적 독서법

우리는 우주에 흔적을 남기기 위해 여기에 있다.
– 스티브 잡스 –

왜 사람들은 책을 읽을까? 여러 가지 이유들이 있겠지만 나는 나보다 먼저 삶을 살아간 사람들로부터 지혜와 노하우를 얻기 위해서다. 내가 가고자 하는 분야에서 성공한 사람들이 쓴 책을 읽고 그 사람이 어떻게 성공했고, 실패했는지 발자취를 따라가는 것으로 시간과 에너지를 아낄 수 있기 때문이다. 하루라도 빨리 깨우치는 만큼 행동으로 옮기게 될 것이고 그만큼 내적 성장을 이루며 스스로 더 크게 성장할 수 있다.

자신의 잘못된 점이나 보완해야 할 점들을 스스로 깨우쳐서 개선하기란 쉬운 일이 아니다. 그렇다고 해서 다른 사람들이 조언을 해준다고 해도 쉽게 눈치 채 행동으로 옮기기도 쉽지 않다. 하지만 흔적 독서를 하게 되면 상황은 달라진다. 흔적 독서로 저자의 발자취를 따라가며 그가 자신과는 어떻게 다른 환경에서 자라 왔고, 책의 핵심 내용은 무엇인지를 살펴보며 자신의 문제점을 파악하는 것이다.

　나는 미래에 대해 별 고민이 없었다. 그저 직장생활을 하며 월급과 쉬는 날만 기다리며 계획 없이 하루하루를 보냈다. 하지만 흔적 독서를 하게 되면서 지금의 내 모습을 객관적으로 바라볼 수 있게 되었고, 미래에 대해서 생각하며 스스로의 문제점을 파악해 개선하고 깨우칠 수 있었다.

　독서를 하면서 '남은 인생을 무엇을 어떻게 하며 살아갈 것인가?'에 대해 스스로에게 질문을 하며 해답을 찾고 싶었다. 책을 읽기 전에는 남들처럼 대학교를 나와서 취업을 하고 마음이 맞는 여성과 결혼해 행복한 가정을 꾸리는 것이 전부였다. 하지만 흔적 독서로 인해 지금 당장은 직장을 다니며 안전하게 생활한다고 해도 먼 훗날은 그렇지 않다는 것을 인식하게 되었다.

　현직에 있을 때 미리미리 미래를 준비하지 않는다면 나 역시도 회사에서 필요 없어질 때 쫓겨날 수 있다는 것을 깨닫게 된 것이다. 그렇다고 해서 당장 직장을 그만두기에는 내 경력과 역량이 턱 없이 부족했고 생활할 수 있는 자금도 끊기기 때문에 쉽게 직장을 포기할 순 없었다.

　그 후 직장을 다니면서 내가 원하는 꿈들을 다이어리에 적으며 미래를 준비하기 시작했다. 처음부터 무엇을 어떻게 준비해야 할 지 막막했다. 하지만 다음 단계로 넘어가기 힘들 때마다 나에게 도움이 될 만한 책들을 펼치기 시작했다.

헨리에트 앤 클라우가 쓴 《종이 위의 기적, 쓰면 이루어진다》를 읽게 되었다. 책 제목 그대로 내가 꿈꾸는 것들을 종이에 적게 되는 순간 현실로 이루어진다는 내용이다. 그래서 나는 군대에서부터 꿈꿔왔던 동기부여 강사라는 꿈을 적고 1년, 3년, 5년 단위로 구체적인 목표들을 함께 작성했다. 구체적인 목표를 정하자 내가 무엇을 두려워하고 있는지 알 수 있었고, 그것을 글로 적으면서 극복하게 되었다.

군대를 전역하고 사회생활을 시작한 지 얼마 되지 않았을 때 동기부여 강사로 활동할 수 있을지 고민하기 시작했다. 고민을 하던 중 읽은 책이 바로 〈한책협〉의 대표 코치로 활동 중인 김태광 작가의 《나는 직장에 다니면서 1인 창업을 시작했다》였다. 이 책에서 가장 강렬했던 한 부분을 소개한다.

"지금보다 더 여유롭고 풍요로운 인생 2막을 원한다면 지금부터라도 준비해야 한다. 대학을 졸업했다고 해서 교육이 끝난다고 착각해선 안 된다. 진짜 교육은 대학을 졸업한 뒤에 시작되기 때문이다. 나는 인생 2막을 위한 준비로 '책 쓰기'를 권유하고 싶다. 직장인만큼 미래가 불확실한 부류도 없다. 생계를 유지할 수 있는 조직에 몸담고 있는 지금 내 이름으로 된 저서를 펴냄으로써 지식과 경험을 돈으로 바꿀 수 있는 시스템을 마련해야 한다.

지금도 많은 사람들이 대학을 가기 위해 공부하고 대학 졸업 후에 취업을 해서 결혼하는 남들과 똑같은 길을 반복하고 있다. 남들과 똑같아질수록 무한경쟁시대에 자신만의 차별성이 없어 살아남을 수 없다는 것을 깨달아야 한다. 현직에 있을 때 직장에서 번 돈을 나 자신에게 모두 투자해야 한다. 이제는 책 쓰기를 통해 나 자신을 차별화하는 사람만이 살아남을 수 있다."

나는 이 책을 읽고 난 후 '나도 책을 써서 동기부여 강사라는 꿈을 이루어야지.'라고 외쳤다. '나도 할 수 있겠다!'라는 확신이 생기자 가슴이 뛰기 시작했다. 바로 네이버에서 〈한책협〉을 검색해 카페에 가입했고, '책 쓰기 1일 특강'에 참석했다. 그리고 그 자리에서 '책 쓰기 과정'에도 등록했다. 이 과정을 통해서 제대로 책 쓰기를 배울 수 있게 되었고, 지금의 책을 펴낼 수 있게 되었다.

나는 매일 새벽 5시에 일어나 내가 쓴 버킷리스트들을 소리 내어 읽으며 이미 이루어진 것처럼 상상한다. 그리고 시간이 흐를수록 '흔적 독서'로 인해 성장하는 내 모습에 놀랍고 뿌듯하다. 프로페셔널한 동기부여 강사라는 꿈에 점점 더 가까워지고 있다는 느낌을 받을 때마다 행복하다. 책과 다이어리에 적은 대로 '3개월, 6개월, 1년이라는 시간이 지났을 때 내 모습은 어떨까?'라는 상상을 할 때마다 입가에 미소가 절로 지어진다.

독서를 통해 가슴이 뜨거워진 나는 작가이자 동기부여가로서의 삶을 적으며 흔적을 남긴다. 도무지 미래가 보이지 않는 대학 공부와 스펙 쌓기로부터 벗어나 선한 영향력으로 모든 사람들이 풍요롭고 행복한 생활을 할 수 있도록 도움을 줄 것이다.

주변을 신경 쓰지 않는
무시 독서법

사람들은 인생이 모든 것이라고 말하지만 나는 독서가 좋다.
- 로건 피어설 스미스 -

　대부분의 사람들이 독서를 하면서 가장 많이 하는 실수가 바로 다른 사람들과 독서량을 비교를 하는 것이다. 서점이나 도서관 등을 돌아다니다 보면 독서를 많이 하는 사람들은 셀 수 없이 많다. 자신만의 독서 목표를 정해서 하루에 한 권은 물론, 그 이상의 책을 읽으며 열심히 독서하는 사람들이다. 그러나 책을 많이 읽는 것도 중요하지만 책을 읽기 위해서 스스로 목표를 정해서 실천하는 것 자체가 중요할 것이다.

　처음 독서를 시작할 때 나보다 독서량이 많은 사람들을 보면서 '나는 하루에 30분밖에 읽을 시간이 없는데 한 달에 1~2권을 어떻게 읽지?', '지금 읽는 책을 다 읽는다고 해서 도움이 될까?',

'독서를 많이 한 사람과 나는 달라. 저 사람들은 태어날 때부터 책을 좋아했던 사람들이야.', '나와 독서는 맞지 않아.', '회사 업무도 바쁜데 책은 또 언제 읽지 다른 사람들은 여유로워서 책을 읽는 건가?'라며 스스로에게 수많은 이유와 핑계를 댔다. 그리고 스스로 남들과 비교하며 독서에 대한 한계를 지었다. 그런데 이것으로 끝난 것이 아니라 자존감이 떨어지게 되었다. 하지만 독서에 대한 나만의 기준이 생기게 되면서 곧 극복할 수 있었다.

지금도 사람들에게 독서 코칭을 하거나 강연을 할 때면 위와 같은 질문들이 쏟아질 때가 있다. 그래서 나는 이 책을 통해서라도 다시 한번 절대로 자신과 남들을 비교하지 말라고 강조하고 싶다. 무엇을 하든지 각자 자신만의 습관과 패턴, 스타일이 있고 추구하는 목표와 방향이 있기 때문에 비교하지 말아야 한다.

다른 사람들이 하루에 1권을 읽든 3권을 읽든 자신과는 아무런 상관이 없는 것이다. 사실 내가 하루에 한 쪽을 읽든지 1장 전체를 읽든지 자신이 신경 쓰는 것이지 그 누구도 관심 있어 할 사람이 없다. 한 쪽을 읽더라도 그 한 쪽에서 자신에게 울림을 주는 문장을 발견하거나 실천한다면 그것으로 큰 성과가 있는 것이다.

만약 누군가가 하루에 책을 얼마나 읽으면 만족하느냐고 물었을 때 명확하게 대답하지 못한다면 자신만의 독서 기준이 없다는 뜻이다.

독서를 할 때 자신만의 뚜렷한 목표와 명확한 기준이 없으면 부정적인 말이나 비교 의식에 갇혀 쉽게 흔들리고 포기하게 된다. 독서를 할 때 자신만의 중심을 잡는 것이 중요하다. 다른 사람들이 "아니!"라고 대답할 때 소신 있게 "예!"라고 말할 수 있는 명확함이 필요한 것이다.

항상 자신만의 페이스를 유지하며 비교하지 않는 독서를 하자. 독서를 하면서 성장하는 과정 자체를 즐기자. 다른 사람과 비교하기보다는 어제의 자신과 비교하며 발전하는 자신을 만드는 것이다.

군대는 계급사회이기 때문에 계급이 낮은 시절에는 선임들의 눈치를 볼 수밖에 없다. 그래서 독서를 할 때도 눈치껏 해야 한다. 그리고 계급이 올라갔을 때 독서를 할 수 있는 시간을 많이 확보하기 위해서는 후임 시절에 그만큼 인정을 받아야 한다.

나는 그래서 계획적으로 업무 시간을 늘려 인정받기 위해 노력했다. 다른 사람들에게 인정받는 것은 하루아침에 되는 것이 아니기 때문에 장기적으로 계획했다. 그렇다고 해서 무조건 독서를 할 수 없는 것은 아니었다. 선임들이 없을 때나 화장실에서 읽으며 나만의 독서 만족감을 채우곤 했다. 그렇게라도 하지 않으면 담배를 끊으면 금단현상이 일어나는 것처럼 입안에 가시가 돋을 것만 같았기 때문이다.

노력의 결과로 1년 만에 주위에서 인정받는 사람이 되었다. 그리고 남은 1년은 일과와 독서를 자유롭게 병행할 수 있게 되었다. 1년 동안 지금까지 읽은 책의 권수를 합한 것보다 더 많이 읽었다. 이때 자존감이 커졌을 뿐만 아니라 의식이 깨어나고 확장되었다.

내가 만약 선임과 간부들의 눈치를 살피며 독서를 소홀히 했더라면 어땠을까? 일 년 동안 그 많은 양의 독서는 절대 하지 못했을 것이다. 주변 사람들의 부정적인 말과 유혹에도 견딜 수 있었던 것은 나만의 신념과 믿음을 가지고 실천했기 때문이다. 그래서 그 이상의 성과와 결과를 낼 수 있었다.

군대를 전역한 뒤 직장 생활을 시작하다 보니 군대라는 환경이 얼마나 좋은 환경이었는지 깨닫게 되었다. 일과 시간에 주어지는 임무만 잘 수행하면 그 이후로는 오로지 나에게만 집중할 수 있는 최고의 환경이었기 때문이다.

직장생활을 하면서 독서를 하기란 어려웠다. 업무 시간에 열심히 일하고 퇴근을 해도 휴대전화로 끊임없이 업무에 관한 소통이 진행되었고, 그로인해 독서를 제대로 할 수 없는 것이다. 어느새 독서를 하지 못하게 되자 불안감이 들었다. 내 의식 또한 전보다 줄어들었고, 부정적인 생각도 자주 들었다. 하지만 쉽게 포기할 수 없었다.

군대에서 악착같이 시간을 보낸 것처럼 직장생활도 이와 마찬가지일 것이라고 생각했다. 그래서 나는 다시 계획을 세우기 시작했고, 주변을 신경 쓰지 않아도 되는 공간에서 독서를 즐기기 시작했다. 군대에 있을 때보다 많은 양의 독서는 할 수 없었지만 조금씩 독서를 할 수 있었다.

주변 사람들을 신경 쓰지 않고 무시하면서까지 독서에 몰입해야 하는 이유가 있다. 책은 자신만의 신념과 철학을 더욱 견고하게 해 주고 자신만의 길을 갈 수 있는 원동력이 된다. 지금까지 학습된 편견과 고정관념을 깨뜨리고 다른 관점으로 세상을 보는 법을 깨우쳐 보자.

누구도 타인을 의식하고 생각하며 그들과 똑같은 인생을 살고 싶지 않을 것이다. 책을 읽음으로써 자신이 누구인지, 자신이 무엇을 좋아하는지, 꿈이 무엇인지를 찾아갈 수 있다. 다른 사람들의 시선에 개의치 않으며 자신만의 믿음을 가지고 나답게 당당하게 뜨겁게 나아갈 수 있다면 최고의 인생이다. 인생의 주인공은 바로 나 자신이다. 나만의 독서로 한 번뿐인 인생을 원하는 대로 그려가자.

다 읽을 필요 없는
포인트 독서법

책은 꼭 많이 읽을 필요는 없다. 중요한 것은 읽은 책의 요점을 파악하는 것이다.
- 정이 -

    직장인들은 모두 회사 일로 바쁘다고 말한다. 학생들 또한 학원 다니느라 친구들과 놀 시간이 없다고 말한다. 언젠가는 직장 동료에게 자투리 시간을 잘 활용해서 책을 충분히 읽을 수 있다고 조언해 주었는데 상대방이 난감한 표정을 지으며 이렇게 말했다.

    "책을 읽을 때는 처음부터 끝까지 읽어야 하지 않나요?"
    "책 한 권을 다 읽기 위해서는 어느 정도 시간이 필요한데 시간 확보가 어렵습니다."

    책 한 권을 읽기 위해서는 시간을 확보해서 처음부터 끝까지 읽어야 한다고 한다. 하지만 이런 주장은 스스로가 만들어 낸 변명일 뿐이다. 책 읽을 시간이 없다고 하는 것 자체가 편견이자 고정 관념이기 때문이다. 처음부터 끝까지 읽기에는 시간이 없고 반면에 시간이 많으면 처음부터 끝까지 읽어야 된다는 생각 때문에 독서 진도도 쉽게 나가지 못한다. 그래서 앞에 나오는 내용이 지루하더라도 섣불리 다음 장으로 넘어가지 못하고 머물다가 결국 포기하게 되는 것이다. 책을 통해서 조금이라도 변화를 이루고자 한다면 책을 처음부터 끝까지 읽어야 한다는 고정관념부터 버리자.

자신에게 필요한 부분만 찾아 읽어도 된다고 말해도 듣지 않는 사람들이 많다. 어린 시절부터 받은 독서 교육법 때문이 아닐까 하는 생각이 든다. 책은 처음부터 끝까지 읽어야 읽었다고 말할 수 있는 것이고, 일부라도 기억이 나지 않으면 읽지 않은 것이다. 그런데 아무리 기억력이 좋다고 해도 책 한 권의 내용이 모조리 생각나지는 않을 것이다.

위와 같은 독서 습관은 평소에 공부하는 습관과 어느 정도 연관이 있다. 처음 학교에 입학하게 되면 교과서부터 받는다. 교과서의 구성을 잘 살펴보면 대부분이 이해하기 쉬운 내용부터 어려운 내용까지 순차적으로 구성되어 있다. 그래서 처음 부분의 내용을 완전히 이해하지 못하게 되면 다음 내용을 이해하기가 어려워져 처음부터 끝까지 봐야 한다.

성인이 되기 전까지 책보다는 교과서를 위주로 공부하다 보니 자신도 모르게 다른 책들도 교과서처럼 봐야 한다는 고정관념이 생긴 것이다. 책은 문제 풀이도 아니고 개념을 세우는 공식도 아니다.

교과서와 달리 독서 방법은 생각보다 다양하다. 독서 목표를 정했다면 어떤 부분을 먼저 읽을 것인지 어떻게 읽을 것인지 등 자신에게 맞는 방법에 따라 읽기만 하면 되는 것이다. 자신만의 방법으로 독서를 하게 된다면 전보다 더 효율적으로 읽을 수 있다. 그래서 필요한 부분만 골라 읽는 것도 독서법 중의 하나다.

자신이 재미있고 관심이 있는 부분부터 읽으면서 흥미를 높이며 관심 없는 부분은 그대로 넘어가도 좋다. 그것만으로도 어느 정도 독서의 진정한 재미를 느낄 수 있고, 자신의 삶 또한 변화되고 있음을 깨닫게 될 것이다.

나는 직장생활을 시작하면서 그동안 읽지 못했던 책들을 섭렵했다. 1년이라는 시간이 지날 때쯤 회사에서 긴 휴가를 받게 되면서 가지 못했던 대형 오프라인 서점에 나가 평소 보고 싶었던 책들을 수십 권씩 구입했다. 서점에서 사온 책들을 서재에 잘 놓아두며 볼 때마다 제대로 읽어보자고 다짐했다. 그렇게 서재에 있는 책들을 한두 권씩 읽어 나가다가 다시 회사 업무로 인해 바빠지거나 출장이라도 다녀오기라도 하면 독서 흐름이 끊겼다. 그렇게 한 번 게으름을 피우기 시작하자 책 한 권 읽는 것조차 힘들어졌다.

두 달이라는 시간이 흘러서 다시 한번 독서를 하기로 마음을 다잡고 책을 들었다. 오랜만에 책을 읽기 시작하자 쌓였던 불안감이 사라지는 것 같았다. 그리고 다시 한 번 독서 흐름을 되찾기 위해 재미있게 읽었던 책을 조금씩 읽어나가기 시작했다. 하지만 그동안의 읽지 못했던 책들을 한꺼번에 다 읽으려고 하자 조급해지고 부담감이 밀려오기 시작했다.

감정을 억누르고 한 페이지씩 넘겼지만 계속 다른 생각만 들고 집중이 되지 않았다. 내가 간과한 사실은 그동안 읽지 못했던 책이라고 해도 내가 먼저 필요한 부분을 읽으면 되었는데, 나도 모르게 처음부터 끝까지 읽으려고 했기 때문이다.

책을 읽어야 한다는 부담감과 압박감이 심해질수록 책이 손에 잡히지 않았다. 앞에서도 계속 언급하지만 내가 선택해서 읽기로 결정한 책을 처음부터 끝까지 읽어야 한다는 생각은 오히려 독서를 하는 데 있어 방해가 된다. 온, 오프라인 서점만 봐도 내가 모르는 책들이 수없이 많다. 내가 숨 쉬고 있는 지금 이 순간에도 새로운 책들이 끊임없이 쏟아지고 있다. 이렇게 방대한 양의 책들 중에서 나에게 정작 필요한 책은 얼마 없을 것이다.

내게 필요한 책을 읽기에도 시간이 부족한데 마음이 가지도 않은 책을 읽으려면 얼마나 많은 시간과 에너지가 낭비될까? 독서를 많이 하는 사람들 중에서도 자신이 가지고 있는 책을 다 읽은 사람은 없을 것이다. 우리가 신이 아닌 이상 세상의 모든 지식을 습득할 수는 없다. 예를 들어, 영화관을 가든지 쇼핑을 하기 위해 백화점을 가더라도 하루만에 개봉된 영화 모두를 볼 수 없고, 백화점 내에 있는 모든 제품을 다 확인할 수 없다.

나는 한때 신발을 너무 좋아해서 여러 켤레의 신발을 한꺼번에 산 적이 있었다. 그 신발들 중에서 자주 신게 되는 신발이 있기도 하지만, 아예 손이 가지 않는 신발들도 있다.

책 또한 마찬가지다. 몇날 며칠 고민하고 고민하며 고른 책이라도 막상 읽어보면 별로일 수 있다. 책을 읽다가 저자가 말하는 내용이 이해가 되지 않고, 전에 읽었던 책들과 비슷한 내용이 많아서 지루한 경우도 분명히 생길 것이다. 나 역시 처음에 독서를 하면서 이런 사소한 것들이 쌓이는 것이 스트레스였다.

나는 표지와 목차를 살펴보면서 끝까지 읽을 만한 책인지 아닌지를 판단하고 필요한 부분만 찾아 읽을 수 있는 노하우를 터득했다. 이 방법을 익히게 되자 독서를 즐기게 되었다. 책 안에 담긴 모든 내용이 동일한 비중으로 중요하지 않다. 장마다 핵심 부분을 제대로 파악해 전체 흐름을 읽고 다 읽을 만한 책인지 판단하게 되면 중요한 부분을 집중적으로 읽는 똑똑한 독서를 하자. 그래야 스트레스를 덜 받으면서도 주어진 시간 안에 책 한 권을 제대로 흡수하고 활용할 수 있다.

자신을 거인으로 만드는
의식 확장 독서법

어떤 책이 좋은지 판단하는 기준은 그 책이 얼마나 강한 펀치를 당신에게 날리는가 하는 점이다.
- 구스타브 플로베르 -

사람마다 태어날 때부터 처해지는 상황들이 다르다. 누군가는 부자 부모 밑에서 태어나고, 또 다른 누군가는 가난한 부모 밑에서 태어난다. 하지만 부유한 환경이든 가난한 환경이든 인생을 좌지우지하는 것은 자신의 의식 수준이다.

나는 부유하지도 그렇다고 가난하지도 않은 집안에서 자랐다. 의식 수준이 인생을 살아가는 데 있어 얼마나 중요한지 몰랐던 나는 어린 시절부터 남들이 하는 부정적인 말들은 곧이곧대로 받아들였다. 내성적이고 소심한 성격이어서 다른 사람들이 무심코 내뱉는 부정적인 말들로 인해 상처를 많이 받았다.

스스로 '나는 왜 이럴까?', '나는 이 정도밖에 안 되는 것일까?'라며 자책하기 시작했다. 내성적이고 소심했던 성격을 극복하기 위해 학교생활에서도 당당하게 하고 싶었지만 시험을 치루고 받아든 성적표를 볼 때에는 자존심이 바닥으로 추락했다.

남들의 부정적인 말에 기가 죽고 당당하지 못한 내 모습이 부끄럽고 싫었다. 남은 인생도 이런 식으로 산다고 생각하니 가슴이 답답해졌다. 지금과 다른 인생을 살기 위해서는 변화가 필요했다. 근본적인 문제인 내성적인 성격부터 바꾸기 위해 새로운 환경에 나를 내던지기로 했다.

나는 내면의 힘을 단단하고 강하게 키우기 위해 관심 분야의 책들을 읽기 시작했다. 나와 비슷한 상황과 처지에서 저자는 무엇을 통해 어떻게 극복했는지를 알고, 나 역시 그대로 나에게 적용하면서 실천으로 옮겼다. 어쩌다 나도 모르게 부정적인 감정이 올라올 때면 더욱 책을 읽으며 반성했다. 독서를 통해 얻은 용기는 현실에서도 나타나기 시작했다.

발표를 잘하지 못했지만 회장 선거에도 나가고, 잘하는 운동이 없어서 한 분야의 운동을 꾸준히 연습하며 실력을 키웠다. 포기하고 싶은 마음이 들 때마다 과거의 모습으로 다시 돌아갈 수 없다는 생각으로 버텼다. 독서를 통해 얻은 용기와 적극적인 행동으로 자존감이 높아지기 시작했다.

스스로를 괴롭혔던 걱정, 두려움, 불안은 결국 내가 만들어 낸

허상에 불과하다는 깨달음을 얻었다. 그러자 의식의 크기 또한 더 커지기 시작했다.

작은 의식 속에 머물렀던 때는 내게 일어나는 모든 사소한 문제들이 겁이 나고 불안했다. 문제를 만나면 도망가기 바빴다. 해결하기 위해 무엇인가를 한다는 것 자체가 더 큰 문제를 만들 것만 같았다. 하지만 독서를 통해 의식이 커지자 작은 문제는 물론 예상치 못한 여러 문제들이 일어나더라도 겁을 먹지 않고 거침없이 해결할 수 있게 되었다.

지금에 와서 돌이켜 보면 내가 하는 모든 행동들은 의식 속에 달려 있는 것이다. 눈앞에 펼쳐지는 모든 것들은 모두 보이지 않는 세계에서 왔다는 것을 인식해야 한다. 현재 두려운 마음과 의식을 가진 채 살고 있다면 내가 그랬던 것처럼 현실에서도 그대로 투영되어 겁쟁이처럼 도망 다니는 삶을 살게 마련이다.

자신이 꿈꾸는 다른 미래로 다가가기 위해서는 자신의 내면의 세계부터 바꿔 나가야 한다. 그동안 습관적으로 갖고 있었던 자신만의 신념, 가치관, 생각들을 바꾸기란 쉬운 일은 아니다. 그러나 단기간에 자신의 내면의 세계를 바꿀 수 있는 쉬운 방법이 있다. 바로 자신의 의식을 성장시킬 수 있는 독서이다.

다른 사람들과 같이 서점에 가서 마구잡이로 책을 고르거나 베스트셀러 코너에만 있는 책들만 읽는 것이 아니라 자신이 목표하는 분야에서 성공한 사람들이 쓴 책을 읽는 것이다.

예를 들어, 부에 관심이 있는 사람이라면 이미 부자인 사람이 쓴 책을 통해 그 사람의 지식과 경험, 노하우를 배운다. 자신이 가고자 하는 분야의 책을 통해 성공한 사람들이 힘든 역경이나 시련을 어떻게 극복하고 이끌어 나갔는지, 뜻밖에 벌어지는 일들은 어떻게 대처하는지 등 읽으며 어떤 부분이 자신에게 필요한 것인지 스스로 적용하며 배우는 것이다.

나 역시 꿈이 없었다. 꿈이 없어서 막연했고 그래서 매일매일 불안했다. 하지만 독서를 시작하면서 꿈이 생겼다. 단순히 내가 가진 지식, 경험, 노하우들을 통해 다른 사람들을 도와주는 동기부여가가 되겠다는 목표만 갖고 있었다.

군대와 직장생활을 하면서 읽은 책들에서 〈한책협〉을 발견하게 되었고, 바로 네이버 카페를 들어가서 김태광 대표 코치의 "만사 제치고 1일 특강에 참석하세요."라는 말에 바로 '1일 특강'을 신청하게 되었다.

'1일 특강'을 들은 후 구체적으로 독서법 관련 동기부여가가 되겠다는 계획을 세울 수 있었다. 그러기 위해서는 다른 사람들이 신뢰할 수 있는 나만의 콘텐츠가 있어야 했고, 곧 나만의 저서가 필요하다고 판단했다.

책을 쓰기 위한 공부를 시작하면서 나의 생활은 180도로 달라졌다. 책을 쓰려고 하니 더욱 치열한 독서 습관이 생겼고, 〈한책협〉에서 추천하는 의식에 관한 책들을 읽기 시작하자 점차 의식이 확장되는 것을 실감할 수 있었다. 그동안의 생각들을 정리해서 글로 옮기기 위해 내면의 소리에 귀 기울이게 되었다.

내면과 대화하는 시간이 늘어날수록 인생에 대한 비전과 목표가 명확해졌다. 그뿐만 아니라 당연히 내가 쓰고자 하는 책의 분야를 정하면서 주제에 대한 공부를 하게 되었고, 그렇게 하나씩 정립해 나가며 나만의 콘텐츠들을 만들 수 있었다. 그리하여 지금 이렇게 내 이름이 들어간 한 권의 책이 나올 수 있게 된 것이다.

나는 나서는 걸 좋아하지 않는다. 이런 성격을 너무 잘 알고 있어서 성격을 바꾸는 것도 어려웠다. 더군다나 스스로에 대한 명확한 신념과 믿음이 없기 때문에 기존의 나를 깨는 변화는 힘들었다.

나폴레온 힐의 《결국 당신은 이길 것이다》에서는 '인간에게 최악의 질병은 바로 망설임이다.'라는 문장이 나온다. 망설임 때문에 변화하기 힘들었다. 하지만 망설임과 두려움에 맞서 포기하지 않고 부딪혔다.

누구나 처음이 두렵다. 앞으로의 인생에서 어떠한 시련이 닥칠지는 누구도 알지 못한다. 시련을 극복할 수 있을 만큼 의식의 크기가 확장되어 있지 않다면 시련에 굴복하고 말 것이다. 어떠한 어려움과 시련이 오더라도 이기는 당신이 되기 위해서는 의식 확장 독서는 필수다.

PART 5

독서력이 미래를 결정한다

독서력이
미래를 결정한다

당신은 책이라는 것을 좋아하지 않을지도 모른다.
그런 당신은 분명히 생활 가운데 부질없는 야심과 쾌락의 추구에만 열중하고 있을 것이다.
그러나 세상은 당신이 생각하는 것보다 훨씬 광범위하며 그 세계는 책에 의해 움직이고 있다.
- 볼테르 -

　현재 살고 있는 세상은 하루가 다르게 변화하고 있다. 과거에 어른들이 말씀하신 것처럼 대학교만 졸업하면 취업이 되는 때가 아니다. 변화하는 세상에 발맞추어 도태되지 않기 위해서는 현직에 있을 때 인생 2막을 준비해야 한다. 많은 사람들이 직장을 다니면서 미래를 걱정한다. 하지만 걱정만 할 뿐이다.

　나 역시 스물한 살 때까지 꿈과 미래라는 단어와 거리가 먼 사람이었다. 눈앞에 닥친 현실만을 보며 남들이 하니까 나도 해야 된다는 식으로 살았다.

　나만의 주관적인 생각을 가지고 행동하기보다는 남들의 생각을 따르기 좋아했고, 주변 사람들의 눈치를 보며 행동했다. 항상 모든 사람들에게 잘 보이려고 했던 것이다. 이러한 행동은 다른 사람들에게 잘 보일 수는 있겠지만, 나 스스로에게는 전혀 도움이 되지 않았다. 내면에서 진심으로 원하는 소리를 듣지 않고 다른 이의 말을 듣고 나 자신을 속이는 것이기 때문이다.

이렇다 할 꿈이 없었던 나는 돈이라도 벌자는 심정으로 스무 살에 KT&G에 입사했다. 내 주위의 사람들은 젊은 나이에 KT&G에 입사한 나를 보며 대단하다며 부러워했다. 남들이 부러워하는 모습을 보면서 나 역시 처음에는 기분이 좋았다.

그 당시 나는 남들이 부러워하는 대기업을 다니며 돈을 버는 생활이 성공이자 행복이라고 생각했다. 하지만 군대에서 자투리 시간에 책들을 읽기 시작하면서 직장생활에 안주하는 것은 위험하다는 생각을 하게 되었다. 그리고 전역을 한 후에 다시 회사에 복직했을 때는 전과는 다른 관점과 생각으로 직장생활을 시작했다. 동시에 내가 군대를 가기 전이나 후에도 똑같은 생활을 하고 있는 회사 사람들의 모습을 보고 적잖이 충격을 받았다.

그 모습들을 보면서 나는 지금 이 사람들의 모습이 나의 미래라고 생각이 되어 두려워지기 시작했다. 지금 직장을 다니면서 미래를 준비하지 않는다면 내가 생각하고 꿈꾸는 미래는 오지 않는다는 생각이 들었다.

어제와 똑같은 생활을 하면서 동료들과 잘 섞여 있는 것으로 모든 것이 안정되고 평온하다고 생각했다. 하지만 앞으로 다가오는 미래는 끊임없이 변화하기 때문에 누구에게나 호락호락하지 않을 것이다. 창의적인 지식과 능력을 키우고 활용할 수 있어야 다가올 미래를 준비할 수 있다.

"생각대로 살지 않으면 사는 대로 생각하게 된다."라는 말이 있다. 현재 자신의 모습은 과거 스스로 생각했던 모습이다. 그리고 지금 생각하고 상상하는 모습이 곧 미래의 모습인 것이다.

현재 아무런 꿈과 비전도 없이 살고 있다면 목적지 없이 가는 배와 같다. 만약 꿈과 비전이 없이 사는 것이 걱정이라면 하루라도 빨리 찾아보길 바란다. 자신이 무엇을 좋아하는지 무엇을 할 때 흥미를 느끼는지 지나온 과거를 떠올리거나 현재 여러 상황 속에서 찾아보고 독서를 하면서도 발견할 수 있다.

나 역시 직장생활을 하면서 내가 무엇을 좋아하는지 무엇을 할 때 흥미를 느끼는지 과거의 기억을 되짚어 보며 고민했다. 그리고 남는 자투리 시간에 치열하게 독서를 하면서 다른 사람들이 쓴 글과 생각, 스토리를 읽으며 꿈을 찾는 데 많은 도움과 힌트를 얻을 수 있었다.

그래서 나는 직장생활을 하면서도 내가 생각하는 꿈과 미래를 향해 조금이라도 빨리 목적지에 다가가기 위해 남는 시간에 자투리 독서를 한다. 자신에게 주어진 시간을 어떻게 활용하는지에 따라 자신의 미래가 결정된다는 것을 잘 알고 있기 때문이다.

　앞으로의 시대는 상상력과 창의력이 풍부한 사람들이 만들어 간다고 한다. 세상의 변화에 발맞추어 스스로 깨닫고 변화하지 않으면 도태되고 말 것이다. 그럼 도태되지 않기 위해서는 무엇을 준비해야 할까?
　우선 다른 사람들이 생각해 낸 지식을 배우는 것에 그치는 것이 아닌 스스로 상상하고 생각하는 능력을 키워야 한다. 스스로 생각하는 능력을 키우기 위해서 우리가 가장 쉽게 할 수 있는 것이 바로 독서다.
　지금까지 배운 지식으로 새로운 생각을 할 수도 있지만, 지금까지 생각하지 못한 창의적인 생각을 하기 위해서는 더 많은 생각의 재료가 필요하기 때문이다.
　평소에는 생각하지도 못하다가 나와 전혀 관련 없는 일을 하면서 갑작스럽게 아이디어가 떠오르는 경험을 해본 적이 있을 것이다. 아이디어를 얻기 위해서는 평소에 독서를 하면서 생각의 재료들을 많이 모아 두어야 한다. 또한 성공한 사람들의 책을 읽으면서 다른 사람들이 해내지 못했던 일들을 그 사람들이 어떠한 기발한 생각과 독창적인 방법으로 성공했는지를 보며 아이디어를 얻어야 한다.

위와 같이 아이디어를 얻으면 스스로 다시 한번 생각하고 사색하면서 아이디어를 융합해 자신의 것으로 만들면 된다. 하지만 아이디어를 얻어도 자신의 생각을 융합한다는 것이 쉽지 않기 때문에 생각이 날듯 말듯한 애매할 때도 있다. 그때 바로 떠오르는 생각과 아이디어들을 메모해서 기록으로 남겨두자. 글뿐만 아니라 그림으로 그리거나 마인드맵으로 생각을 나열해서 표현하는 것도 좋은 방법이다.

이러한 방법들을 활용하면서 아이디어를 접목시키는 연습을 꾸준히 한다면 어느새 자신의 생각과 아이디어를 쉽게 융합할 수 있다. 여기에서 가장 중요한 포인트는 새롭게 생각해 낸 지식을 지식으로 남겨두는 것이 아닌 실천으로 옮겼을 때 빛을 발할 수 있다.

'지식은 운명을 바꾸고 책은 미래를 완성한다.'라는 말이 있다. 미래를 준비하는 사람에게 꼭 필요한 것은 바로 새로운 지식과 정보다. 하지만 미래를 준비하기 전에 더 중요한 것은 바로 스스로 창의적인 사고를 할 수 있느냐 없느냐다.

혼자 하는 생각으로는 절대로 창의력을 기를 수 없다. 그래서 독서를 통해 다른 사람의 생각을 수용해 창의력을 이끌어 내야 한다. 그동안 쌓인 독서력으로 자신에게 쌓인 지식과 경험을 활용할 수 있게 되어 방법 역시 체득할 수 있을 것이다.

독서는 간접 경험을 통해 새로운 생각과 지식을 얻게 한다. 이제는 변화된 시대에 맞춰 자투리 독서법으로 독서력을 길러서 하나하나 자기 것으로 만들고 자신의 미래를 변화시켜 나가야 한다.

독서를 잘하는 사람은 미래가 두렵지 않다

한 시간 독서로 누그러지지 않는 걱정은 결코 없다.
- 샤를 드 스공다 -

사람들이 미래를 두려워하는 이유는 무엇일까? 바로 미래를 준비해 놓지 못했기 때문이다. 많은 사람들이 미래를 생각하며 고민하지만 막상 들여다보면 아무 준비도 없이 시간을 무의미하게 보낸다. 준비 없이는 자신이 원하는 미래를 만들 수 없는 법이다. 나 역시 직장생활을 하면서 다가올 미래를 준비하지 않으면 어떻게 되는지 쉽게 알 수 있었다.

어느 날, 상사가 내일까지 보고서를 준비해 오라고 한다. 하지만 제때 보고서를 준비하지 못한다면 하루 종일 '상사가 보고서에 대해 물어보면 어떡하지?'라며 마음을 졸이게 된다. 하지만 다른 누군가는 상사가 보고서를 요청하기도 전에 미리 전달한다. 그리고 여유롭게 자신의 업무를 진행하며 인정까지 받는다.

누구나 회사에서 인정받는 인재가 되고 싶을 것이다. 하지만 상사가 무엇이 필요한 지를 먼저 알아차려서 미리 준비하기란 쉬운 일이 아니다.

나 또한 처음 직장생활을 시작할 때 상사가 무엇이 필요한지를 생각하지 않고 그냥 주어진 대로 열심히 일만하며 바쁘게 생활했다. 그런 생활이 반복될수록 내 업무 멘토였던 선배는 "시키는 일만 열심히 해서는 다른 사람들에게 인정받지 못하고 더 크게 성장할 수 없어."라고 말했다. 회사생활은 기대감을 충족시키고 그 이상의 성과를 내는 곳이라고 조언했다.

그 후 나는 직장생활 노하우와 업무를 잘 할 수 있는 비법서 같은 책들을 닥치는 대로 섭렵하기 시작했다. 신입사원이 회사에 적응하는 노하우부터 보고서 작성법과 인간관계까지도 알 수 있었다. 회사에 출근하면 조회시간에 돌아가면서 발표를 했었다.

처음 내 발표 차례가 왔을 때는 아무런 준비가 되어 있지 않아 많이 당황스럽고 떨렸다. 나는 그날 이후 내 차례가 아니더라도 내 차례인 것처럼 철저하게 준비했다. 만일에 대비한 나만의 해결책이었는데 예상치도 못한 상황에서 빛을 발했다. 다른 선배 차례였지만, 다른 업무 일정으로 갑작스럽게 공백이 생기면서 누군가는 해야 되는 상황이 벌어지게 된 것이다.

나는 그 순간 '지금이 내가 먼저 나서서 발표할 수 있는 절호의 기회다!'라는 생각으로 손을 번쩍 들고 앞으로 나갔다. 노력 덕분에 준비했던 발표를 무사히 마치고 박수소리와 함께 다른 선배들로부터 인정받게 된 계기가 되었다. 그 일이 있고 나서부터 선배들은 나에 대한 신뢰가 생기게 되었고 각자 자신의 업무들을 나에게 하나둘씩 맡기게 되어 더 큰 성과를 이끌어 낼 수 있었다.

만약 내가 선배가 해준 조언을 잔소리라고 생각해서 제대로 듣지 않고 마음대로 행동했더라면 두려움과 불안감에 사로잡힌 채 제자리만 반복해서 걸었을 것이다. 그리고 기회가 왔어도 절대 잡지 못했을 것이다.

또한 책을 통해서 얻은 지식과 노하우들을 내 고집대로가 아닌 있는 그대로 흡수해서 나만의 방식으로 활용했기 때문에 가능한 일이었다. 선배의 조언과 책을 통해서 미리미리 준비해서 좋은 결과까지 이어지니 이보다 기쁜 일은 없었다. 오직 기회는 준비된 자에게 주어진다는 것을 다시 한번 깨닫게 되었다.

독서를 하게 되면 미래에 대한 두려움이 사라진다. 그 이유는 책을 통해 새로운 세계를 간접적으로 부딪치며 시행착오를 줄이고 상상할 수 있기 때문이다. 특히 유명한 축구 선수들은 경기에 출전하기 전 이미지 트레이닝을 통해 자신의 플레이를 상상하도록 훈련받는다. 경우의 수들을 생각하면서 자신의 포지션에 맞는 상황들을 미리 연습해 보는 것이다. 그래서 이미지 트레이닝을 하는 선수와 그렇지 않은 선수와의 차이는 엄청나다고 한다.

경기에 출전하기 전 긴장감과 두려움을 완화시키는 효과는 물론, 미리 상상한 상황이 실제로 경기에서 벌어지게 되면 보다 유연하게 대처할 수 있어서 수동적이지 않아 멋진 모습을 보여줄 수 있는 것이다.

이처럼 자기가 목표하는 분야가 있다면 그 분야와 관련된 책을 구입해서 핵심 내용들을 미리 상상해 보자. 자신이 처한 상황에 맞게 현실에 적용하는 것이다. 나도 첫 회사 면접을 보기 전에 면접장에서 면접하는 모습을 상상하거나 회사에서 업무를 하는 모습을 상상하며 긴장을 풀었다. 그냥 상상하는 것만으로 엄청난 효과를 볼 수 있었다. 그렇다면 자신의 상상력에 힘을 보태줄 책과 함께라면 더 쉽게 원하는 미래를 그릴 수 있지 않을까?

꿈이 없는 사람은 인생을 방황한다. 그래서 대부분의 사람들이 자신의 꿈을 찾으려고 한다. 하지만 꿈은 찾는 것이 아니라 발견하는 것이다. 자신의 인생을 조금이라도 바꿔 줄 가능성을 찾는 것만으로도 성공할 수 있는 단초가 될 것이다. 책만큼 자신의 꿈을 발견하는 데 도움을 주는 것이 없다.

나도 꿈을 찾았던 때가 있었다. 막연한 꿈이 아닌 제대로 된 꿈을 꾸기 위해서는 내가 무엇을 좋아하고 무엇을 싫어하는지부터 파악해야 했다. 하지만 매순간 나를 파악하기 보다는 사람들에 휩쓸려 살기 바빴다. 그래서 내가 좋아하는 것이 무엇인지 등 나를 찾는 것부터 시급했다.

자신의 꿈을 알고 싶다면 낯선 세계라도 간접적으로 부딪히면서 새로운 관점으로 모든 것을 바라봐야 한다. 색다른 장소를 찾거나 세계 여행도 좋은 방법 중의 하나일 것이다. 다른 환경 속에 있게 되면 자신이 그동안 갖고 있던 습관과 행동 패턴들이 재발견되고, 스스로 자신을 파악할 수 있게 된다. 결국 자투리 독서는 스스로를 발견하게 해주고 자신이 진정 원하는 꿈이 무엇인지 구체적으로 그릴 수 있게 돕는다.

만약 자투리 시간 독서를 하지 않고 자신이 직접 경험한 것들로만 성장한다면 어느 정도는 성장할 수 있지만, 자신의 한계를 넘어서는 성장할 수 없을 것이다. 이제 더 이상 우물쭈물 망설이지 말고 두려움에 맞서서 독서를 통해 더 큰 미래를 그려 나가자.

지금 읽는 책이
당신의 미래다

한 사람의 충실성과 가치는 독서를 하느냐 안 하느냐에 달려 있다.
또 그 이상으로 무엇을 읽는가가 중요하다.
— 매튜 아놀드 —

　청년 실업이 사회 문제인 요즘 어린 나이에 KT&G에 최종 합격하자 세상을 다 가진 기분이었다. 현실인지 꿈인지 모른다는 말처럼, 내가 이 기쁨을 누려도 되는지 의문이 들기도 했다. 본격적으로 직장생활을 하게 되면서 시작한 자투리 시간 독서는 내 미래를 생각하게 한 불씨가 되었다.

　나는 안정된 직장에 취업만 하면 미래가 불안하지 않을 줄 알았다. 하지만 남들이 부러워하는 대기업에 취업을 했어도 인생은 늘 불안했다. 원인도 모르는 이 불안함 속에서 인생을 행복함과 희망으로 가득 차게 살고 싶었다. 날마다 새롭고 기대되는 미래의 모습을 상상하니 심장이 뛰었다. 곧 내가 상상하는 모습을 미래가 아닌 지금 살아보고 싶은 마음이 들었다. 어쩌면 남들과는 다른 선택으로 지금의 안정적인 삶을 버려야 하는 부담감도 있었지만 나의 미래를 위해 도전해야겠다는 각오를 했다.

나는 지금껏 인생을 살면서 나만의 기준이나 목표가 없었다. 아직은 나이가 어리니 목적 없이 살아도 아무 문제가 없을 것이라 생각했다. 그저 부모님이 말씀하시는 것과 친구들이 하는 것을 따라 하고 싶었다. 그런데 항상 시작은 설렘 반 기대 반으로 시작했지만, 결국 왜 해야 되는지도 모르는 의구심과 함께 포기하게 되었다.

취업을 위한 공부, 언제 사용할지도 모르는 토익과 자격증을 따기 위해 보내는 시간들, 남들과 똑같은 길을 가고자 했던 그 세월들을 지금 돌이켜보면 아까운 생각이 든다. 만약 그 시간들을 책을 읽고 미래를 상상하며, 노력해 왔더라면 지금의 내 모습은 다르지 않을까라는 자책과 후회만이 남았다. 더 이상 세상의 기준과 남들에게 끌려가는 삶이 아닌 나답게 살아가고자 책을 통해서 변화하기로 결심했다.

책을 쓴 사람들은 세상의 기준으로 말하는 것이 아니라 자신만의 기준으로 멋진 미래를 만들어 나갔다. 이 사람들을 보며 배가 아플 정도로 부럽기도 했다. 하지만 자신의 삶을 주체적으로 나답게 살아가는 것이 무엇인지 확실히 깨달을 수 있었다. 오직 자신의 꿈과 미래를 향해 흔들림 없이 나아가는 모습들을 보며 대단하고 존경스러웠다. 그들을 보며 내게 필요한 것이 무엇이며 보완할 점은 무엇인지 제대로 바라볼 수 있는 시간들을 가질 수 있었다. 그러한 시간들을 보내면서 책을 통해 많은 깨우침을 얻게 되었다.

그들은 세상에 흔들리지 않고 자신만의 신념으로 나아가기 위해 겪었던 과정과 노력의 순간들이 있었기에 지금의 자리에 설 수 있었다. 오직 자기 자신을 변화시키겠다는 힘은 내면에 있다는 것을 강조했다. 많은 사람들이 자신이 원하는 목표대로 성공하지 못하는 이유는 스스로에게 한계를 긋기 때문이라고 한다. 누구나 위대한 사람이 될 수는 있지만, 스스로의 내면에서 생기는 부정적인 마음과 생각들이 장해물이 되어 자신이 계획한대로 앞으로 나아가지 못하는 것이다.

모든 사람들의 마음속에는 자신이 원하는 삶이 있다. 어떤 사람들은 그 삶을 살기 위해서 치열하게 노력하고, 어떤 사람들은 원하는 삶과는 다른 삶을 살고는 있지만 현실의 벽에 가로막혀 그대로 만족할 수밖에 없는 삶을 살고 있다. 분명 지금 자신의 위치는 모두 스스로 선택해서 그 자리까지 가게 된 것이다.

자신이 생각하는 기준의 좋은 회사에 취직하려고 치열하게 공부하고, 수많은 경쟁자들을 뚫고 입사했다. 그러나 입사 후 숨 돌릴 틈도 없이 대리, 과장, 차장으로 진급하기 위해 다시 달리기 시작한다. 이것이 진정 자신이 원하는 삶인가에 대한 의구심이 들긴 하지만 진급을 거듭할수록 가중되는 책임감과 현실의 무게를 짊어지고 특별한 대책 없이 앞으로 나아간다.

나는 내가 원하는 인생을 살아가기 위해서 자투리 시간을 활용해 독서를 했다. 생각처럼 쉬운 일은 아니었지만, 원하는 인생을 살고 있는 내 모습을 상상할 때마다 인내는 달았다. 그리고 반드시 내가 원하는 삶을 보상받을 수 있다고 믿었다. 직장은 주 5일제였고, 회사 안에서 위치를 바꾼다고 해도 내 갈증은 해소될 것 같지 않았다. 더욱이 경기 불황이 있을 때마다 인원 감축을 시행하는 회사를 보며 지금의 내 위치도 결코 안전하다고 생각할 수 없었다.

지금은 좋아하는 일을 하며 쉬고 싶을 때 쉬고, 지속적으로 내가 원하는 공부를 하며 성장하고 있다. 한계라는 것은 보이지 않는다. 성장하는 삶을 살고 있으니 회사를 다니고 있을 때는 전혀 보이지 않던 기회들이 눈에 보이기 시작했고, 기회는 기회를 파생시켜 더욱 크게 성장할 수 있는 발판이 되었다. 원하는 삶을 살기 위해서는 위치부터 바꿔야 한다는 것을 몸소 느끼고 있다.

대부분의 사람들은 20대에서 30대가 되고 30대에서 40대, 그리고 50대가 되면서 무언가를 성취할 수 있는 확률이 점점 낮아진다고 생각한다. 하지만 내 생각은 다르다. 확률과 가능성이 아니라 노력을 해야 하는 강도가 더욱 높아질 뿐이지 가능성은 누구나 동등하다. 아무리 바빠도 하루에 30분에서 1시간이라는 시간을 낼 수 없는 사람은 없을 것이다. TV 보는 시간, 스마트폰으로 의미 없는 행동을 하는 시간을 줄이면 충분히 낼 수 있는 시간이다. 그 시간 동안 자신이 원하는 삶을 위해 행동하느냐 그렇지 않느냐에 따라 위치가 달라지는 것이다.

원하는 삶을 살기 위해서는 위치부터 바꿔라. 그러면 분명 희망 사항이 현실이 되고 꿈이 현실이 된다. 지금과는 다른 삶을 살기 위해 이 책을 펼쳤다면 자신의 위치를 바꾸기 위해 최선을 다하라. 기회는 움직이는 자에게 찾아오는 것임을 기억하자.

사람은 어떤 사람을 만나느냐에 따라 인생이 달라진다. 책 또한 마찬가지다. 어떤 책을 읽었는지가 지금의 내 모습을 반영하며, 지금 읽는 책이 곧 내 미래의 모습이다. 자기 자신에게 투자하는 모든 책들이 결국 모두 내 자산이자 내 것이 된다. 그래서 책 한 권이 한 사람의 인생에 미치는 영향은 엄청나다.

책은 당신의 인생을 결정하는 최고의 무기다. 평범한 당신을 비범하게 만들어 줄 최고의 가치를 갖고 있다. 당장 책을 읽어라. 당신이 읽은 책 한 권이 위대한 시작이었다는 사실을 깨닫게 될 것이다. 더 이상 망설이지 말고 당신의 인생을 결정할 책을 만나라.

독서력으로
자신을 뛰어넘어라

내가 세계를 알게 된 것은 책에 의해서였다.
- 장 폴 사르트르 -

'나는 학력이 안 되서 안 돼.', '나는 외모가 잘생기거나 예쁘지 않아서 안 돼.' 등 무엇을 할 때 시도조차 해 보지 않은 채 먼저 한계를 내린다. '아는 만큼 보인다.'라는 말처럼 자기 스스로에게 한계를 내리게 되면 그만큼 밖에 세상을 보지 못하게 된다. 시간은 계속해서 흐르지만 제자리에 머무는 격이다.

주변을 돌아보면 눈앞에 펼쳐지는 모든 것들은 다른 누군가의 의식과 상상으로 만들어진 것이다. 상상력은 창조할 수 있는 힘이다. 제자리에서 맴도는 인생이 아닌 하루라도 빨리 자신의 능력을 깨워 자신이 원하는 미래를 만들어 나가야 한다. 그렇지 않다면 어제와 다를 바 없는 오늘을 살게 될 것이다.

과거와 달리 더 이상 열심히 일한다고 해서 사람들이 인정해 주는 시대는 지났다. 세계적인 천재 물리학자 아인슈타인은 "상상력이 지식보다 중요하다. 지식은 한계가 있지만, 상상력은 세상을 품고도 남는다."라고 말했다. 그만큼 남들과는 다른 생각을 하는 창의력과 상상력이 필수인 시대가 된 것이다. 하지만 우리나라 사람들 대부분이 학창 시절부터 상상력과 창의력을 키우는 교육이 아닌 주입식 교육을 받아 생각하는 힘을 기르지 못하도록 자라왔다. 그렇다고 해서 어린 시절로 돌아가 다시 공부할 수도 없는 노릇이다. 그렇다면 어른이 된 지금 상황에서 어떻게 하면 상상력을 키울 수 있을까? 그것은 바로 자투리 시간 독서로 가능하다.

책을 읽지 않고서도 상상력과 창의력을 기를 수 있을까? 불가능에 가까울 것이다. 책을 통해서만 미래를 상상하고 그려나갈 수 있기 때문이다. 읽은 책의 권수가 많은 만큼 상상한 것들은 더 빨리 현실로 끌어당길 수 있다. 그리고 자신이 가고자 하는 분야의 길을 책을 통해 미리 가볼 수 있고 시행착오도 줄일 수 있다. 또한 책을 읽게 되면 막연하게만 생각하던 미래들을 구체적으로 그리고 실행할 수 있는 계획과 목표를 세울 수 있다.

나는 본격적으로 독서하는 습관을 들이기 전에는 편안하고 안전한 현실에 안주하며 남들처럼 눈에 보이는 것들만 보았다. 주체적인 삶을 사는 것이 아닌 세상에 나 자신을 맞췄다. 월급날과 휴

일만을 기다리며 하루하루를 견디고 그저 나에게 주어진 일들만 열심히 했다. 하지만 책을 읽으며 나와 생각이 다른 저자의 상상력으로 내 안에 잠든 잠재력을 깨우고 남다른 생각을 하기 시작하면서 나에게 세상을 맞춰야겠다고 생각했다. 그리고 내가 좋아하고 원하는 일을 하면서 세상에 긍정적인 영향력을 펼치고 싶다는 욕망이 생겼다.

이러한 생각과 욕망을 갖는 과정에 있어 도움이 된 것이 바로 치열한 자투리 시간 독서였다. 책은 수동적인 나의 삶을 능동적으로 변화시켰다. 그리고 누구나 자투리 독서를 실천한다면 주체적인 삶을 살 수 있다는 확신도 들었다. 《독서력》의 저자 사이토 다카시 교수가 이렇게 말했다.

"독서력이 있다는 것은 독서 습관이 배어 있다는 뜻이기도 하다. 별 부담 없이 책을 잡을 수 있고 일상 속에서 자연스럽게 읽을 수 있는 독서가 습관화된 힘, 바로 이것이 독서력이다."

지금부터라도 독서의 힘을 믿고 자신의 인생에 자투리 독서를 활용하자. 책을 통해서 창의력이라는 무기를 만들어 특별한 사람이 되는 것이다. 나는 책을 읽고 독서력이 성장하는 만큼 성격도 많이 변했다. 예전에는 간단한 일들도 귀찮아하고 게으름을 피우

곤 했지만, 이제는 먼저 나서서 적극적이고 능동적으로 행동한다. 마음 또한 강해져서 다른 사람에게 부정적인 말을 듣거나 상처받는 일이 생겨도 예전과는 달리 신경이 많이 쓰이지 않는다.

자투리 독서를 하면서 무엇보다 나에게 일어난 가장 큰 변화는 나를 중심으로 살아간다는 것이다. 책과 함께 내 미래를 만들어 갈 수 있고 꿈을 향해 한 발자국씩 다가간다는 기분이 들 때마다 행복하다.

책을 읽으면서 만나는 단어, 문장들을 곱씹어 보면서 어제보다 한 단계 성장한다. 연약한 나를 강인하게 만들고, 세상의 기준에 흔들리지 않으며 오늘 하루도 부지런히 책과 함께 앞으로 나아간다.

자투리 독서만큼 자기 자신을 뛰어넘는 것은 없다. 나 역시 매일 꾸준한 자투리 독서 습관으로 다양하고 많은 것들을 얻을 수 있었다. 나는 과거에 소심하고 내성적인 성격 탓에 다른 사람의 말에 쉽게 상처를 받고 두려움과 불안감으로 나를 드러내지 못했다. 발표 시간이 싫었고, 국어 교과서를 읽을 때마다 말을 더듬는 나 자신이 너무 싫었다. 그 순간마다 책을 읽지 않았던 나를 탓했지만 그때뿐이었다.

새로운 무언가를 시작해도 두려움과 잘못될 것 같다는 생각에 쉽게 시도하지 못하고 포기한 적도 많았다. 나와는 다르게 활발하고 긍정적인 친구들을 부러워했다. '어떻게 하면 나도 저 친구처럼 될 수 있을까?'라고 온종일 고민한 적도 셀 수도 없이 많았다. 하지만 틈틈이 남는 시간들을 활용해서 읽은 자투리 독서 습관으로 나 자신을 더욱 긍정적이고 적극적인 사람으로 만들었다. 어려운 상황 속에서도 긍정적인 마음가짐으로 극복하고 성공한 사람들의 책을 읽고 동기부여를 받으면서 나도 모르게 긍정적인 성격으로 변했다.

그 후 과거와 다르게 변화한 내 모습들을 보면서 남는 자투리 시간들을 활용해서 읽었던 독서가 결국 습관이 되고 내 운명을 바꿨음을 확신했다. 독서력의 힘인 것이다. 어디를 가든지 어느 곳에 있든지 책과 함께라면 두려울 게 없는 습관을 가져 보자. 작은 자투리 시간 독서 습관들이 모여서 더 크게 성장한 자신을 볼 수 있을 것이다.

이 책을 읽고 있는 당신도 자투리 시간 독서법으로 인생의 변화를 겪고 있다면 나의 휴대전화 번호인 010. 9306. 1585로 자신 있게 자신의 변화를 이야기로 남겨 보자. 당신의 변화는 다른 사람들에게 희망이 되기에 충분할 것이다.

'책 한 권은 한 사람의 우주이자 세상이다.'라는 말이 있다. 그 속에는 자신만의 지식, 경험, 노하우들로 세상을 더욱 행복하게 바꿀 수 있는 메시지들이 숨겨져 있다. 책을 통해 자신이 깨닫지 못한 모습들을 깨닫고 잠재력을 일깨우자. 내가 긍정적인 모습으로 변화한 것처럼 책을 통해서 지금 자신의 모습을 바꾸자. 더 이상 혼자 꽁꽁 숨겨둔 채 자신의 재능을 아끼며 남겨두지 말고, 자신만의 독서력으로 세상에 알려라. 망설이지 말고 자신을 뛰어넘어 보라.

인생의 차이를 만드는 독서력

책은 인생의 험준한 바다를 항해하는 데 도움이 되게끔 남들이 마련해 준 나침반이요,
망원경이요, 육분의요, 도표이다.
- 제시 리 베넷 -

　사람들은 항상 무언가를 위해 끊임없이 달린다. 10대에는 남들보다 더 좋은 학교를 가기 위해, 20대에는 더 좋은 직장을 가기 위해, 30대에는 더 좋은 직위에 오르기 위해 달린다. 경쟁은 날로 더 치열해지고 그 속에서 살아남는 사람만 성공하는 것 같다. 무엇이 인생의 차이를 만드는 것일까?

　인생의 차이를 결정짓는 요소들은 여러 가지가 있겠지만 그중에 나는 독서를 강조하고 싶다. 왜냐하면 독서를 하기 전 나는 우물 안의 개구리였기 때문이다. 학교에서 배운 내용과 다른 사람들이 말해준 내용만을 가지고 생각하고 판단해서 앞날을 결정했으니 말이다. 다른 사람들의 말에 자신의 미래를 맡기고 결정하는 것만큼 어리석은 일은 없다. 곧 스스로의 인생을 책임지지 않는

비겁하고 겁쟁이였던 것이다.

우물 안 개구리에게 우물 밖은 용기와 결단이다. 지금껏 겪어 보지 않은 세계로 간다는 것은 많은 위험이 도사릴 수도 있고 그 동안 누렸던 익숙한 것들을 포기해야 한다. 내가 우물 밖으로 나간 첫 도전은 전 직장인 KT&G를 그만두었을 때이다. 취업이 안 되는 불황 속에서 남들이 그토록 가고 싶어 하는 대기업을 '동기부여'라는 꿈을 위해 과감히 포기했다.

나에게 많은 사람들이 질문을 했다. "왜 좋은 회사를 그만두고 무리한 도전을 하는 건가요?", "직장을 다니면서도 충분히 준비할 수 있는 건 아닌가요?" 이러한 질문들은 순간적으로 나의 마음을 흔들리게 했다. 하지만 과감하게 용기를 내서 행동으로 옮길 수 있었던 것은 독서야말로 우물 안 개구리에서 탈출하게 만드는 유일한 방법임을 깨우쳤기 때문이었다.

돈을 벌기 위해 직장을 다니는 것은 스스로에게 도움이 되지 않는다. 전 직장에 그대로 머물며 남들처럼 평범하게 살아간다면 그 시간만큼 스스로를 얽어매는 것이다. 결국 지금 다니는 직장도 언젠가는 나와야 된다. 하고 싶은 일을 하며 살기에도 인생은 짧다. 하지만 우물 안에서 처음부터 혼자 나오기란 쉬운 일이 아니다. 그래서 이미 우물 밖으로 나와 다른 세계를 경험한 사람들의 도움을 받아서 한 발자국씩 나아가야 한다.

나는 내가 읽었던 책들에서 직장에 얽매이지 않고 자신이 추구하는 소명을 따르며 살아가는 사람들을 보며 자극과 동기부여를 받았다. 그리고 나 역시 그 사람들처럼 소명을 따르는 삶을 살겠다는 욕망을 일깨웠다.

'작은 행동들이 모여서 결국 큰 결과를 만들어 낸다.'라는 말처럼 동기부여가가 되어 다른 사람들에게 내가 가지고 있는 지식, 경험, 노하우들을 알려줘서 그들이 더 잘 되기를 바라는 작은 생각이 행동으로 이어졌다. 내 스토리가 담긴 책을 펴내어 작가들을 도와주는 책 쓰기 코치이자 동기부여가로 거듭날 수 있었다.

지금의 내 모습까지 오는 과정 속에서 많은 두려움과 불안감이 엄습했다. 하지만 성공한 사람들처럼 끝까지 포기하지 않고 나에 대한 믿음을 지키며 어려움을 극복했다. 스스로에 대한 믿음이 없으면 무엇을 하든지 쉽게 포기하게 된다. 나 역시 자투리 시간 독서와 책을 쓰기 전에는 쉽게 포기하는 사람 중에 한 명이었다.

학교에서 공부를 열심히 하기 위해서 다양한 문제집을 사고 학원을 다니고 각종 강의를 들었어도 정작 성적이 좋지 않게 나오면 '나는 역시 공부는 아니구나.'라는 식으로 부정적인 생각과 함께 쉽게 포기했다. 공부뿐만이 아니라 무엇을 하나 제대로 해본 적이 없다. 이러한 평범한 나도 독서를 시작하게 되면서 많은 변화가 일어났다. 특히 부정적인 관점을 탈피하고 긍정적인 관점으로 세상을 바라볼 수 있는 힘을 기를 수 있게 되었다.

군 생활을 시작하게 되면 몇십 킬로씩 행군을 하게 된다. 나는 행군과 독서가 비슷하다고 자주 생각했다. 군대에서 행군을 하게 되면 25kg 정도 되는 무거운 군장과 총을 메고 몇십 킬로씩 밤새 걷는다. 수십 명의 병사가 일렬로 정렬해 걷게 되는데, 평소에 체력과 정신력을 얼마나 키웠는지에 따라 행군을 완주하느냐 못하느냐가 나뉜다. 독서 역시 마찬가지다. 평소에 얼마나 많은 시간을 독서에 투자하느냐에 따라 결정적인 순간에 그동안 자신이 읽은 책들을 바탕으로 현명한 지혜를 발휘할 수 있다. 그래서 다른 사람들의 인생과 차이가 나는 것이다.

나이가 들수록 어려운 난관을 풀 수 있는 문제 해결 능력이 필수가 된다. 기회는 항상 미리미리 준비하는 사람에게 돌아간다. 무엇이든 미리 준비하지 않으면 두렵고 불안해진다. 직장인들이 직장을 다니면서도 두렵고 불안한 이유는 월급이 아니면 미래가 막막하기 때문이다. 나 역시 직장을 다니면서 불안했다. 하지만 끊임없이 반복된 자투리 독서로 나약한 마음을 버리고 강한 마음으로 성장시켰다. 평범한 꾸준함이 반복될 때 비로소 특별함이 나타난다는 말처럼 나 역시 불안감에서 벗어나고자 자투리 독서를 반복했다. 이를 통해서 남들과 같이 평범하지만 확연히 다른 작가, 강연가, 코치가 될 수 있었다.

'돼지에게 진주를 던져주지 마라.'라는 말이 있다. 귀한 진주를 돼지에게 던져줘도 돼지는 그 가치를 모르기 때문에 함부로 대한다는 뜻이다. 이처럼 조금만 둘러보면 자신에게 소중한 책들이 많다. 하지만 많은 사람들이 책의 귀중함을 모른 채 외면한다. 한 권의 책을 통해 지금과는 또 다른 인생을 시작할 수 있는데도 말이다.

자신은 이 지구상에 단 한 명뿐이다. 당신 안의 잠든 잠재력을 자투리 독서를 통해서 깨워라. 우리 안에는 당신이 원하는 미래를 이룰 수 있는 힘이 있다. 수많은 책을 읽을수록 겉으로 보이는 지식이나 능력, 외모뿐만 아니라 내적인 성장도 동시에 이루어지기 때문에 한 사람의 의식 변화는 곧 인생의 변화로 연결된다. 결국 한 권의 독서를 통해 얼마나 깊이 있게 내용을 흡수해서 행동으로 옮겼느냐에 따라 인생의 차이를 결정한다.

독서가
곧 스펙이다

사람들은 죽어도 책은 결코 죽지 않는다.
어떤 힘도 기억을 제거할 수는 없다. 책은 무기이다.
― 루스벨트 ―

　우리는 초, 중, 고등학교 때까지 배웠던 교육을 통해 수학능력시험을 치루고 대학교에 진학한다. 대학교에 진학하면 자신의 적성을 찾아서 하고 싶은 일을 하며 공부할 것이라고 생각한다. 하지만 대부분의 사람들은 대학교에서 자신을 위한 공부보다는 취업을 위한 공부를 한다. 대학교 3, 4학년이 되면 취업 준비를 위해 스펙 쌓기에 매진한다. 다른 사람들보다 더 좋은 회사에 취업을 하기 위해 자격증과 토익은 기본으로 자신만의 특별한 스펙을 쌓기 위해 고군분투한다.

　많은 시간과 노력을 들여서 취업을 하면 인생이 달라질 것이라고 생각하지만, 막상 취업을 하고 난 후에는 또다시 승진을 하기 위해 스펙을 쌓아야 한다.

부모님 세대를 보더라도 정년까지 보장된 안정된 직장생활을 할 수 있었다. 하지만 요즘은 정년만이라도 보장이 된다면 더욱 열심히 다닐 수 있다는 말이 나올 정도로 은퇴 시기가 앞당겨지고 있다. 그러면서 20~30대 젊은 세대들은 더 이상 안심하고 안주해서는 안 되는 환경에 처했다.

나는 평범하게 살아가는 것이 가장 힘들다는 말을 들은 적이 있다. 평범하고 편안하게 못사는 사람들도 많으니 직장생활을 하며 평범하게 살아가는 것만으로도 감사하게 생각해야 된다는 것이다. 그러나 이런 말은 주의해서 들을 필요가 있다. 점점 갈수록 힘들어지는 경제 상황 속에서 지금의 삶을 유지하기 위해서는 기본적으로 돈이 필요하다. 물론 과거에 비해서 밥을 굶거나 학교를 다니지 못하는 가정은 현저히 줄었다. 그렇다면 무엇이 사람들을 힘들게 하는 것일까? 아마도 대다수의 사람들이 더 잘 살 수 있는데도 현재의 편안함에 안주하다 보니 그 평범함이 포화 상태가 되어 버린 것이다.

미국의 상황을 보면 인터넷의 발달로 인해 지난 50년간 부자가 된 사람들보다 지난 5년간 부자가 된 사람들이 더 많다는 통계가 있다. 남들보다 뛰어난 스펙이 없어도 기발한 콘텐츠나 남들이 생각하지 못한 기술을 개발해서 직장을 다니지 않고도 평생 먹고 살 만큼의 수입을 만들 수 있다. 하지만 많은 대학생들이 오로지 공기업이나 대기업에 취업하는 것을 희망하고 있다. 이 세상에 많은 직장, 직업이 있는데 유독 공기업과 대기업에 몰리게 되니 취업난은 계속 이어질 수밖에 없는 것이다.

우선 공기업과 대기업에 입사하게 되면 다른 사람들보다 성공했다는 생각이 든다. 그리고 가족과 주변 사람들에게 자랑거리가 된다. 하지만 지금 당장 편하고 안정적이라고 해서 언제까지 유지되라는 법은 없다. 편안함과 따뜻함에 취해 있다가 뜨거운 물에 삶아지는 개구리 신세가 될지도 모르기 때문이다. 지금이라도 몸 담고 있는 물이 미지근할 때 미리 알아차리고 뛰쳐나가야 한다. 그래야 자신이 숨겨왔던 잠재력을 발견할 뿐만 아니라 새로운 가능성 또한 발견할 수 있다.

나는 스무 살에 직장생활을 시작하면서 또래 친구들과는 다른 삶을 살게 되었다. 직장생활을 통해 많은 변화가 있기까지 선배들에게 혼이 나기도 하고, 스스로 잘못한 것을 반성하며 내면을 발전시켰다.

한 번은 아침 회의가 끝나고 같은 부서에 있는 대리와 면담을 한 적이 있었다. 이야기인즉 내가 회의 시간에 업무에 대한 내용을 상사에게 보고할 때 아무 생각 없이 말한다는 것이었다. 나는 '내가 생각하기에 아무 문제가 없는데 왜 나한테만 뭐라고 하나?'라는 생각이 들어 기분이 상했었다. 하지만 선배가 말해준 내용을 참고해서 다시 한번 보고하는 내용을 되짚어 보자 무엇이 잘못되었는지 알 수 있었다. 이때에도 책을 찾아보며 체크를 했기 때문에 어떻게 잘못된 방식으로 상사에게 보고를 했는지 발견할 수 있었다. 그리고 순간 내가 잘났다는 자만심 때문에 반성하지 않는 나의 태도가 한없이 부끄러워졌다.

나는 이러한 일을 겪은 후 누구라도 내 잘못을 지적해 주면 고마운 생각이 들었다. 누군가가 나의 부족함을 지적해 준다는 것은 관심과 잘되기를 바라는 마음이 있다는 뜻이다. 그래서 나는 더 나아지기 위해 책을 읽고 또 읽었다.

직장인들은 직장 내 인간관계나 비효율적인 업무를 하며 스스로 부족하다는 생각을 한다. 그래서 퇴근 후 자격증을 위한 공부를 하거나 학원을 다니며 개선하려고 하지만 나는 자투리 시간을 활용해 책을 읽었다.

회사에서 승진하기 위한 스펙 쌓기가 아닌 나 자신의 역량을 키우기 위한 나만의 독서 스펙 쌓기에 열중했다. 나를 성장시키기 위한 독서 스펙 쌓기는 시간과 에너지를 투자하는 만큼 그대로 흡수하는 놀라운 경험을 했다. 지금 다니고 있는 직장을 언제까지 다닐 수 있을까? 회사에서 먼저 나를 내보내기 전에 미리 퇴사 후의 삶을 준비해야 한다.

내가 그랬던 것처럼 틈틈이 독서를 하면서 책을 쓰고 미래를 계획하자. 나중에 회사에서 나가라는 소리를 듣더라도 당당하게 나갈 수 있게 모든 것을 준비해 놓으면 되는 것이다. 기회는 항상 준비한 자에게 주어진다는 것을 잊지 말자.

마지막으로 평범하고 안전하게 사는 지금이 만족스러워서 이 책을 읽기 시작한 사람은 없다고 생각한다. 지금이라도 '무의미한 스펙' 쌓기를 그만두자. 자신이 하고 싶은 일을 하며 사는 삶을 살기 위해 독서 스펙 쌓기를 시작하자. 인생은 하고 싶은 일만 하기에도 시간이 길지 않다는 것을 꼭 기억하자.

독서하는 독종만이
살아남는다

책도 사람과 마찬가지다. 소수가 큰 역할을 하고 그 나머지는 대부분 패배한다.
– 볼테르 –

많은 사람들이 자신이 몸담고 있는 분야에서 열심히 일한다. 하지만 자신이 하는 일에 대해 왜 하는지도 모른 채 남들도 하니까 나도 해야 한다는 생각에 열심히 일만 한다. 결국 나이가 들어서 진즉에 좋아하는 일을 하며 살 걸 그랬다며 후회한다.

성공한 사람들은 자신이 좋아하는 분야에 미친 듯이 시간과 에너지를 투자한 독종들이다. 자신의 꿈과 소명을 흔들림 없이 지키며 남들의 시선에 개의치 않고 묵묵히 노력해서 성공을 거둔 것이다. 평범한 사람이 한 순간에 성공하기란 쉬운 일이 아니다. 성공한 사람들이 소수인 이유도 성공에는 자신만의 남다른 선택과 노력, 희생이 필요하기 때문이다. 누구나 생각하는 대로 돈도 많이 벌고 싶고, 좋은 집에 좋은 차를 타고 다니며 멋진 인생을 살고 싶어 한다. 하지만 생각처럼 쉽게 행동으로 옮기지 못한다.

내가 다녔던 학교에는 야구부가 있어서 학교가 끝나고 나면 종종 훈련하는 모습들을 볼 수 있었다. 나와 같은 학생 신분이었지만, 야구라는 스포츠 종목에서 최고가 되기 위해 최선을 다해 노력하는 모습을 보며 그들처럼 최선을 다해 살아야겠다고 각오했다.

프로 야구 선수들처럼 최상의 컨디션과 최고의 성적을 기록하기 위해 오늘을 최선을 다하지 않는다면 절대 프로가 될 수 없다. 세상은 시간이 지날수록 경쟁이 심화되고 있다. 약한 자는 강한 자에 의해 희생당하는 약육강식의 말처럼 어느 분야에서든 강하지 못하면 경쟁에 밀려 도태되거나 무능력자로 취급을 받게 된다.

내가 학생 신분일 때는 시험 성적으로 경쟁을 해서 1등부터 꼴등까지 순위를 매기며 좋은 대학교를 가는 것이 전부인 줄 알았다. 하지만 직장생활을 시작하자 승진을 위한 경쟁, 생계 유지를 하기 위한 몸부림은 끝이 없었다. 시간이 지날수록 도무지 끝날 것 같지 않는 경쟁에서 남은 인생을 어떻게 살아가야 될지 막막함과 답답함에 사로 잡혔다. 다른 사람들도 나와 같은 생각을 하지만 묵묵히 살아가는 건지 아님 나만 잘못된 생각을 하는 건지 헷갈렸다.

"경쟁에 밀리지 않고 살아남기 위해 무엇을 준비해야 할까?" 라는 고민을 하기 시작했다. 주변 사람들에게 내 고민을 토로하면 하나 같이 자격증이나 학원을 다니라는 말뿐이었다. 그리고 대부분 사람들이 나처럼 불안한 미래를 미리 준비해야겠다는 생각은 하지만 별다른 방법 없이 생계를 위해 본업에만 충실히 하고 있다는 답변이었다.

나는 나와 비슷한 생각과 환경에 있는 사람들에게 해결책을 구하는 것은 어렵다고 판단했다. 그래서 내 고민들의 해결책을 찾기 위해 독서를 하기 시작했다. 책을 읽으면서 미래를 준비하기 위해 필요한 것이 무엇인지 스스로 생각하게 되었다. 미래와 관련된 분야의 책들에서는 하나 같이 과거와 같은 방식으로는 절대로 성공적인 미래를 살 수 없다고 강조했다. 성공적인 미래를 살아가기 위해서는 끊임없이 변화하는 상황에 발맞춰 다양한 사고력과 창의력이 필요하다고 말했다.

미래형 인재는 어떤 사람일까? 바로 자신이 속한 분야에서 사람들에게 인정받는 전문가이다. 또한 창의적인 생각과 발상으로 새로운 것들을 끊임없이 창조할 수 있고, 어떠한 문제에 직면하더라도 해결할 수 있는 창의성과 문제 해결 능력이 있는 사람이다. 그렇다면 평범한 사람들도 전문가로 인정받는 미래형 인재가 될 수 있을까?

나는 평범한 사람들이 미래형 인재가 될 수 있도록 도와주는 것이야말로 독서라고 생각한다. 세계적인 경영 사상가인 게리 해

멜 교수는 자신의 저서인 《꿀벌과 게릴라》를 통해 책을 읽는 사람과 그렇지 않는 사람에 대해 다음과 같이 설명했다.

"책을 읽지 않는 사람은 평생을 똑같은 수준으로 부지런히 꿀벌처럼 일할 수는 있지만, 게릴라처럼 갑자기 출세하거나 사업에 성공하지는 못한다. 평소에 꾸준히 책 읽기를 통해 놀라운 지식과 능력, 그리고 자신감을 얻은 자만이 혁명적인 두각을 나타낼 수 있다. 앞으로는 개선 정도로는 안 된다. 그 누구도 상상하지 못한 혁명적인 발상으로 새로운 일을 시작해야 한다는 것이다."

시간이 지날수록 책을 많이 읽은 사람과 그렇지 않은 사람 간의 격차는 점점 더 벌어질 것이다. 왜냐하면 앞으로 다가올 세상은 지금보다 더 복잡하고 답이 정해져 있지 않은 세상이기 때문이다. 답이 없는 세상에서 창의적인 문제 해결책을 창조할 수 있는 사람만이 최고의 인재로 대우받는다. 창의적인 해결력을 키우기 위해서는 그만큼 많은 책들을 섭렵해야 하고 책을 읽은 사람들만이 생각의 재료들을 모아 재창조할 수 있다.

미래를 살아가는 인재는 시키는 일만 열심히 하는 사람이 아니다. 그들은 지금껏 그 누구도 생각해 내지 못한 아이디어들을 통해 혁신적인 일들을 창조하는 사람들이다. 그렇기 때문에 창의력과 다양한 상황에 대처하는 유연함을 가지고 있어야 한다. 이러한 능력은 한순간에 얻어지는 것이 절대 아니다. 다양한 분야의 책을 많이 읽어야 가능하다.

과거에는 어릴 때부터 책에 미쳐 있던 사람들이 나중에 대부분 위대한 인물로 성장했다. 나이가 어릴수록 책에 미치게 되면 다른 사람들보다 다양한 생각의 재료들을 모을 수 있고, 그만큼 창의적이고 다양한 사고를 할 수 있다. 과거에는 책을 읽을 줄 아는 사람들이 그렇게 많지 않았다. 우리나라만 봐도 책을 읽고 글을 쓸 수 있는 사람들은 오직 상위층뿐이었다. 글을 읽고 쓸 수 있다는 것 자체만으로도 그 당시에는 상위층만의 엄청난 힘과 특권이었기 때문이다. 나라를 이끌어가는 인재들만이 책을 읽을 수 있고 글을 쓰는 사람들이었다.

하지만 지금은 어느 누구나 책을 읽을 수 있는 시대가 되었다. 과거에는 책을 읽고 싶어도 읽지 못했지만, 이제는 책을 읽겠다는 마음만 먹으면 어느 분야의 책이든 마음대로 읽을 수 있다. 지금 자신이 처한 현실이 막막하고 답답하다면 책을 펼쳐보라.

과거에는 자신의 운명과 미래를 뜻대로 바꿀 수 없었지만 지금은 다르다. 더 이상 과거의 방식과 모습대로 현실에 안주하지 말자. 한 번뿐인 인생, 독서하는 독종으로 거듭나 자신이 원하는 미래를 만들 차례다.

최고의 자기계발은 독서다

가장 좋은 책은 영구불멸하다.
- 존 밀턴 -

당신은 지금 하고 있는 일과 수입에 만족하는가? 아마도 대부분 사람들이 그렇지 않을 것이다. 많은 사람들이 '지금보다 돈을 더 많이 벌면 좋겠다.', '하고 싶은 일을 하며 지내고 싶다.'와 같은 생각을 하면서도 매일 의미 없이 시간만 흘려보낸다. 그래도 퇴근 후에 자격증 공부와 토익 공부를 하며 나름대로 자기계발을 한다고 노력하지만 쉽게 현실은 바뀌지 않는다.

당신이 지금 하고 있는 일에서 벗어나 수입까지 더 올리고 싶다면 첫째로 '독서'를 추천한다. 자격증이나 토익과 같은 자기계발은 결국 시험에 합격하기 위해 단기간에 암기식으로만 공부하기 때문에 머릿속에 오래 기억되지 않을 뿐더러 실용적일 수 없다. 하지만 책을 읽기 시작하면 그동안 알지 못했던 다른 사람들의 해결책들이 친절하게 메모가 되어 있기 때문에 새로운 생각을 할 수 있게 된다.

주입식 공부만 해온 사람은 배운 지식과 경험으로 새로운 상황들을 극복할 방법을 찾는 데 한계가 있다. 그래서 책을 읽으면서 나보다 먼저 이 세상을 살아가고 경험했던 사람들의 지혜를 빌려서 현명하게 대처할 수 있다. 간단하게 생각하면 지금 자신이 처한 현실을 바꾸는 일은 생각보다 어렵지 않다. 독서를 하면서 폭넓은 분야의 견해를 익히고 무한한 가능성이 펼쳐진 미래를 스스로 만들어 가면 되는 것이다.

얼마 전에 중학교 동창들과 함께 저녁식사를 했을 때 일이다. 그동안 잘 다니던 직장을 그만두고 다시 취업준비생이 된 친구 한 명이 하소연을 했다. 남들이 부러워하는 좋은 직장을 다니다가 자신의 적성에 맞지 않아서 그만두었지만, 막상 그만두니 수입이 없어 후회스럽다는 것이다. 그러면서 직장을 다니지 않고도 월 천만 원을 벌어서 연봉 1억 원이 되었으면 좋겠다고 말했다. 그러자 다른 친구 한 명이 "연봉 1억 원은 아무나 하나?"라며 대기업에 다니는 직급이 높은 사람들이 아니면 불가능하다는 식으로 말했다. 그 이야기를 들은 친구는 허탈한 표정으로 한숨을 내쉬었다.

취업준비생인 친구처럼 포기할 필요는 없다. 대부분의 사람들은 연봉 1억 원을 벌려면 대기업에 다니는 직급이 높은 사람들이라고 하지만 꼭 그럴 필요는 없다. 대기업에 다니지 않아도 연봉 1억 원을 벌 수 있는 방법은 수도 없이 많기 때문이다. 다만 그 방법을 모르고 있을 뿐이다.

연봉 1억 원을 벌 수 있는 방법들은 그다지 어렵지 않게 찾을 수 있다. 예를 들어 부동산 중개업을 하는 사람이라면 땅을 투자해서 자금을 늘릴 수도 있다. 또는 자본금을 모아서 자신만의 프랜차이즈를 경영하거나 책을 써서 자신을 퍼스널 브랜딩 할 수 있다. 그래서 강연, 코칭, 컨설턴트를 하며 수입을 창출하는 것이다. 연봉 1억 원을 버는 방법을 하나밖에 모르는 사람과 몇 개 이상 알고 있는 사람들 중 어느 사람이 달성할 확률이 높을까?

오직 대기업이나 공기업에 취업을 해서 승진할 방법만 모색한다면 취업에 실패할 때마다 연봉 1억 원을 쫓는 꿈에서 멀어질 수밖에 없다. 그러나 취업이 아닌 자신만의 회사를 차려서 연봉 1억 원 이상의 돈과 가치를 번다고 생각하면 취업을 할 때도 달라질 것이다. 대기업이라면 무조건 좋아서 취업을 하는 것이 아니라 자신이 나중에 경영할 회사를 생각한다면 취업도 자신의 삶의 목적에 맞는 방향으로 재설정하게 될 것이다. 무조건 월급을 많이 주는 회사가 아닌 미래에 내가 창업할 회사에 도움이 되는 지식과 역량을 키울 수 있는 회사를 선택하게 되는 것이다.

사람은 생각한 대로 행동으로 옮긴다. 목적지가 어디인지 무엇을 어떻게 해야 할지 모른다면 어떻게 최선을 다해 노력할 수 있을까? 위에서 언급한 것처럼 수입을 연봉 1억 원 이상으로 올리기 위해서는 한 가지 방법이 아닌 여러 가지 방법을 알고 있어야 한다. 선택할 수 있는 방법들이 많을수록 벌 수 있는 확률도 높아진다는 것을 잊지 말자.

이 방법들을 알기 위해서는 자신이 1억 원 이상의 수입을 벌고자 하는 분야의 책들을 닥치는 대로 읽으면 된다. 많은 책들에서 얻은 지식과 지혜, 노하우들을 바탕으로 열심히 연구하고 공부한다면 자신만의 노하우가 생기게 된다. 그 가치를 필요한 사람들에게 나누면 더 큰 수익을 창출할 수도 있는 것이다. 그렇게 자신만의 노하우를 체계화하여 다른 사람들에 가치를 제공하면 된다. 책을 많이 읽게 되면 자신이 생각하지 못한 선택 사항들을 넓힐 수 있다. 혼자라면 몇 가지 정도밖에 생각나지 않지만 책을 읽게 되면 셀 수 없이 많아진다.

내가 책을 많이 읽지 않았을 때는 명문대학교를 나와 대기업에 취업해 가정을 꾸리는 것이 인생의 행복이라고 여겼다. 연봉 1억 원 이상은 내가 아닌 다른 사람들만 가능하다고 생각했고, 평범한 인생이 행복한 것이라고 생각했다. 하지만 남들과 다르게 인생을 멋지게 살아갈 수 있는 방법이 셀 수 없이 많은데도 사고가 갇혀 있으니 우물 안 개구리 신세였다. 하지만 군대에서는 물론, 직장에 다니면서까지 남는 자투리 시간에 치열하게 독서를 했다. 독서를 하면서 평범한 인생을 사는 것이 아닌 다른 방식으로 인생을 살 수 있는 방법들을 깨우쳤다. 독서를 통해 얻은 지식과 노하우들을 스스로에게 적용하고 실천하면서 나만의 노하우들을 만들기 시작했고, 마침내 자투리 시간 독서법이라는 책과 함께 체계화된 노하우들을 만들어 낼 수 있었다.

나만의 자투리 시간 독서법 노하우들을 만드는 과정에 있어서 실패를 맛보고 포기하고 싶은 마음도 수시로 들었지만, 포기하는 순간 그동안 공들였던 시간과 노력, 땀들이 수포로 돌아간다는 생각에 끝까지 실천하고 또 실천했다. 나만의 자투리 시간 독서 노하우들이 어느 정도 자리를 잡기 시작하자 또 다른 목표가 생기기 시작했다. 그동안 쌓아온 자투리 독서 노하우들을 다른 사람들에게 알려주고 그 사람들이 자투리 시간 독서를 통해 변화했으면 좋겠다는 마음이 생긴 것이다. 이러한 바람으로 나는 동기부여가라는 꿈까지 품게 되었다.

더 많은 사람들이 나처럼 독서를 통해 얻은 지식과 지혜, 노하우들을 바탕으로 자신의 스토리가 담긴 책을 써서 변화되고 멋진 인생을 살아가는 모습을 상상한다. 그러한 사람들이 하나둘씩 생겨서 더욱 많은 사람들이 변화하고 발전하는 게 지금의 내 목표이다.

　나에게 자투리 시간에 읽었던 독서가 없었다면 지금의 내 모습도 없었을 것이다. 독서는 최고의 자기계발이라는 것을 많은 사람들이 깨닫고 실천하는 그날까지 자투리 시간 독서는 끝나지 않을 것이다.

자투리 시간 독서법

초판 1쇄 인쇄 2017년 6월 15일
초판 1쇄 발행 2017년 6월 22일

지 은 이 허동욱
펴 낸 이 권동희
펴 낸 곳 위닝북스
기   획 김태광
책임편집 이양이
디 자 인 이선영 박정호
교정교열 강제능
마 케 팅 김응규 허동욱

출판등록 제312-2012-000040호
주   소 경기도 성남시 분당구 수내동 16-5 오너스타워 407호
전   화 070-4024-7286
이 메 일 no1_winningbooks@naver.com
홈페이지 www.wbooks.co.kr

ⓒ위닝북스(저자와 맺은 특약에 따라 검인을 생략합니다)
ISBN 979-11-87532-69-9 (13190)

이 도서의 국립중앙도서관 출판도서 목록(CIP)은 서지정보유통지원시스템 홈페이지(http://seoji.nl.go.kr)와 국가자료공동목록시스템(http://www.nl.go.kr/kolisnet)에서 이용하실 수 있습니다.(CIP제어번호: CIP2017013253)

이 책은 저작권법에 따라 보호받는 저작물이므로 무단전재와 무단복제를 금지하며, 이 책 내용의 전부 또는 일부를 이용하려면 반드시 저작권자와 위닝북스의 서면동의를 받아야 합니다.

위닝북스는 독자 여러분의 책에 관한 아이디어와 원고 투고를 설레는 마음으로 기다리고 있습니다. 책으로 엮기를 원하는 아이디어가 있으신 분은 이메일 no1_winningbooks@naver.com으로 간단한 개요와 취지, 연락처 등을 보내주세요. 망설이지 말고 문을 두드리세요. 꿈이 이루어집니다.

※ 책값은 뒤표지에 있습니다.
※ 잘못 만들어진 책은 구입하신 서점에서 교환해 드립니다.